本书由中国教育科学研究院中央级公益性科研院所基本科研业务费专项"美国大学科研促进国家创新体系建设的经验和启示"（编号：GYE2023001）资助。

高等教育管理研究系列丛书

美国大学科研促进国家创新体系研究

罗媛　著

MEIGUO DAXUE KEYAN CUJIN GUOJIA
CHUANGXIN TIXI YANJIU

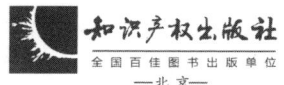

全国百佳图书出版单位
—北京—

图书在版编目（CIP）数据

美国大学科研促进国家创新体系研究／罗媛著．——北京：知识产权出版社，2025.10．——（高等教育管理研究系列丛书）．——ISBN 978-7-5130-9698-0

Ⅰ．G649.712

中国国家版本馆 CIP 数据核字第 2024Y58Y68 号

责任编辑：贺小霞　　　　　　　责任校对：谷　洋
封面设计：刘　伟　　　　　　　责任印制：孙婷婷

美国大学科研促进国家创新体系研究

罗　媛　著

出版发行：知识产权出版社有限责任公司	网　址：http://www.ipph.cn
社　址：北京市海淀区气象路 50 号院	邮　编：100081
责编电话：010-82000860 转 8129	责编邮箱：2006HeXiaoXia@sina.com
发行电话：010-82000860 转 8101/8102	发行传真：010-82000893/82005070/82000270
印　刷：三河市国英印务有限公司	经　销：新华书店、各大网上书店及相关专业书店
开　本：720mm×1000mm　1/16	印　张：12.5
版　次：2025 年 10 月第 1 版	印　次：2025 年 10 月第 1 次印刷
字　数：180 千字	定　价：78.00 元
ISBN 978-7-5130-9698-0	

出版权专有　侵权必究
如有印装质量问题，本社负责调换。

序　言

20世纪80年代，为了应对日本和德国在经济上的挑战，美国开始实施国家经济竞争政策，要求大学与产业界进行合作，共同推动科技创新，为国家经济的增长作出贡献。随着生物技术的兴起，科技创新模式的重点从万尼瓦尔·布什的"线性创新模式"转变为巴斯德象限的"应用性基础研究"的技术创新模式。在以生物技术为代表的"应用性基础研究"领域中，基础科学与商业技术之间的界限变得模糊。为了发挥研究型大学在国家创新体系中的作用，美国政府一方面加大对大学基础研究的投入尤其是"应用性基础研究"的投入；另一方面推动大学科研成果的商业化，美国政府在1980年出台了《拜杜法案》，该法案为大学技术转化设立规则，促进大学参与专利产出和技术许可活动。

在政府科技政策支持下，20世纪80年代以来，美国研究型大学的科研产出在论文、专利、衍生企业各项指标上明显增长。在所有学科领域中，发展最快的学科领域是生物科学，它成为美国所有大学科学领域的中心，把医学、工程、物理、化学和其他许多学科都吸引到它的影响范围中，并成为新世纪社会变革的重要来源。[1] 生物医学的科研成果最多，技术转化活动产出也最高，一方面，这是由于它从联邦政府、慈善组织和产业界得到了最多的资助；另一方面，是因为生物医学相较于其他学科能够更为迅速进行商业化，对于渴望在21世纪成就伟业的任何研究型

---

[1] 克拉克·克尔. 大学之用 [M]. 高铦, 高戈, 汐汐, 译. 北京：北京大学出版社, 2008：166.

大学来说，取得生物科学上的领导地位是必要条件。

在组织和制度层面，将商业科学的规则和标准引进到大学是变革性的，因为这一行为改变着学术科学的制度逻辑和组织安排。研究型大学进入了一个新的以商业产出为特征的竞技场❶，呈现出以下影响和变化。

首先，大学的科研职能发生了变化。大学不仅进行教学和科研，进行知识的生产，还要将知识转化为技术，为产业创新和经济发展作出贡献。这体现出研究型大学成了知识生产不可替代的力量，但同时也给大学带来了挑战：为了使科研对经济作出贡献，大学需要成为商业和经济发展的参与者，并要与其核心的学术任务相协调，在满足新经济需求的同时促进其核心使命的完成。❷ 为了适应产业界关系的变化，研究型大学演进出了一些新的边界组织，以协调大学和产业界两大领域之间的利益，大学－产业界合作研究中心、大学技术转化办公室、战略联盟、孵化器设施、科技园等组织发展起来。❸ 原本相互区别的科学和经济、大学与产业界、学术科学与商业科学的组织边界也互相交织起来。

其次，它拓展了研究型大学的收入来源。随着大学科研职能的增加，美国研究型大学的研发经费不断上涨。虽然研究型大学在科研经费上主要依赖于联邦政府机构的资助，但是随着联邦政府政策的发展以及州政府经费比例的下降，大学开始拓展额外的经费来源，产业界也日益加大与大学在创新上的合作并增加了对大学的科研投入。因而，大学主要负责基础研究所得到的资助和支持并未减弱，而是得到了加强。除此之外，《拜杜法案》的实行使大学能够获得联邦政府所支持的研究成果的专利权。通过专利许可、衍生企业、大学科技园等技术转化活动，加强与产业界的合作，大学还获得了额外收入来源，并将这些收入进一步投入大

---

❶ OWEN－SMITH J. Trends and transitions in the institutional environment for public and private science [J]. Higher Education，2005，49 (1/2)：91－117.

❷ GEIGER R L. Knowledge and money：research universities and the paradox of the marketplace [M]. Stanford：Stanford University Press，2004：139－140.

❸ 亨利·埃兹科维茨. 三螺旋：大学·产业·政府三元一体的创新战略 [M]. 周春彦，译. 北京：东方出版社，2005：21.

学的科研和人才培养核心职能的巩固和发展之中，进一步促进了研究型大学的科研产出。

再次，它改变了研究型大学的知识生产模式。随着大学科研职能的变化，将基础发现与技术应用相结合的创业科学或者创业文化开始显现。作为创新的源泉，一种研究型大学的特殊模式——创业型大学开始产生，它不仅进行知识的创造，而且将知识付诸应用，促进技术的转化和新企业的创立。在知识生产的新模式下，科学家不再只是从知识内部的逻辑和个人的兴趣来选择科学研究的问题，进行科学知识的生产，而是必须充分考虑产业界的知识需求，把科学研究的学术使命与社会、市场需要结合起来。此外，"应用问题的复杂性和综合性，往往决定了从单一的学科出发难以完全解决其中所包含的科学问题，需要多个学科或多种专业的科学家共同进行研究"。❶ 大学和产业界之间的合作以及学科之间的交叉与渗透成为必要。

最后，它对大学的基本学术科学规范提出了挑战。将商业价值引入由学术科学统治的大学组织之中不仅带来了大学内部的组织变化，还带来了大学科学家认知和行为上的变化，新的学术规范对罗伯特·K.默顿（Robert K. Merton）提出的经典学术规范进行了再释和修改，❷ 一种兼具公共科学和私人科学性质的混合制度体系建立起来。如今的科学发现既具有公共用途，又具有私人用途。对于学术研究机构来说，私人领域的规则改变了对成功的衡量标准，针对同一个科学发现还要建立新的政策和程序，对公共科学和私人科学进行不同的管理。公共科学和私人科学的融合改变了公共科学领域内的地位分层和大学间竞争的条件。传统上，科学家只需凭借好奇心来进行知识的探索，不需要考虑知识的商业应用，大学的科研创新都还是初级阶段的概念证明，不存在多大的商业价值。在新的知识生产模式下，那些建立起有效程序推动发明披露和专利申请

---

❶ 李正风. 科学知识生产方式及其演变 [M]. 北京：清华大学出版社，2006：284－285.
❷ ETZKOWITZ H. Normative change in science and the birth of the Triple Helix [J]. Social Science Information, 2011, 50 (3－4): 549－568.

的大学将更具有优势。

虽然科研成果商业化已经成为一种不可阻挡的潮流，但是，研究型大学对知识的应用和商业化是建立在研究基础上的知识创新，很少涉足高度依赖于市场需求的技术创新过程，更少有直接创办企业的行为，对于大学教师的市场行为也有诸多的规定，评价教授的基本标准仍然是对于知识的贡献。因此，大学的核心职能和基本原则并没有因为创业科学的兴起而改变。

总之，20世纪80年代以来，美国研究型大学不仅要进行知识生产而且要进行技术转化。一方面，更多的科研成果转化为商品能够让公众受益，大学也在开辟新收入来源的同时推动学术基础研究的发展，并将额外收入投入促进大学核心职能的实现，这些都是符合公共利益的；另一方面，科研商业化也使学术科学的基本规范受到挑战，但是，大学科研商业化的目的是实现科学与技术的结合而不是直接面向市场。整体来说，随着大学在国家科技创新中作用的增强和大学科研职能的增加，研究型大学自身也得到了发展，产生出了更多的科研成果，大学作为知识生产的来源从社会的边缘走向中心。

目 录

导 论 ·· 1

第一章　20 世纪 80 年代以来美国科技政策的转变 ·············· 20
　第一节　美国科技创新模式的转变 ······································· 21
　第二节　20 世纪 80 年代以来美国联邦政府的科技政策 ········· 26
　第三节　20 世纪 80 年代以来美国州政府的科技政策 ············ 42

第二章　美国研究型大学科研职能变化和经费投入 ··············· 49
　第一节　美国研究型大学科研职能变化 ································ 49
　第二节　美国研究型大学研发经费投入 ································ 63

第三章　美国研究型大学科研产出的主要指标 ····················· 82
　第一节　美国研究型大学论文产出 ······································· 82
　第二节　美国研究型大学专利产出 ······································· 92
　第三节　美国研究型大学衍生企业产出 ······························· 110

第四章　美国研究型大学科研产出的趋同性分析 ················ 124
　第一节　美国研究型大学科研产出的趋同性整体分析 ·········· 125
　第二节　美国公、私立研究型大学科研产出的趋同性分析 ····· 136

第五章　美国研究型大学知识生产模式的变化及影响 …………… 150
  第一节　美国研究型大学知识生产模式的变化 ………… 151
  第二节　美国研究型大学知识生产模式变化的影响 …… 159

参考文献 ……………………………………………………… 180
附 录 ……………………………………………………… 188
后 记 ……………………………………………………… 190

导　论

一、问题的提出

20世纪80年代初，为了应对日本实力的崛起，提高经济竞争力，美国政府采取了科技引导战略，重视民用技术研发，强调政府、高校、企业、非营利科研机构的协同合作、紧密联系，发展高技术产业，促进国家经济的稳定增长，美国的国家创新体系日趋成熟。与此同时，大学特别是研究型大学，作为知识生产的来源从社会的边缘走向中心，不再仅仅是人才培养和科学研究的场所，而是在实现创新、促进区域经济发展、提升国家核心竞争力等方面发挥着越来越重要的作用。

这一时期，生物技术革命使人们开始改变对基础科学与技术创新之间关系的看法，从万尼瓦尔·布什的"线性创新模式"发展为"应用性基础研究"的技术创新模式。在这种创新模式下，研究型大学的科研职能发生明显变化，大学不仅要进行知识的创造，而且还要考虑知识的应用，加快大学技术的转化。

知识创造和科技进步是经济竞争力的核心，20世纪80年代以来，科技政策成为美国发展战略的重要方面，美国政府主要通过以下科技政策推动研究型大学的经济关联性。第一，加大联邦政府对大学研究的投入，尤其是对生物技术的支持。按2017年定值美元计算，美国大学研发经费从1980年的156.87亿美元增长为2021年的823.76亿美元，其中来自联邦政府的研发经费从1980年的106.03亿美元增加为2021年的451.22亿美元。❶ 在对大学进行资助的联邦机构中，美国国家卫生研究院（National Institute of Health，NIH）的经费比例最高，1971年，NIH提供的研究资助大约占联邦资助总额的1/3，这一比例在1976—1986年接近50%，在1991—1995年则超过50%，2001年则达到61%，2004—2022年这一比例保持在55%左右。❷ 第二，政府出台科技战略规划，支持国家实验室、大学和产业界的合作，在以下几方面为产学合作提供支持和政策引导。大力开展技术转化；广泛建立产业界-大学联合研究中心；建立大学科学技术孵化器；创办高科技创业型衍生企业；建立大学科技园；开展大学-产业研究材料交流。第三，重视知识产权法的保护，促进科技成果的转化。从1980年到2007年，美国国会通过了多项法案以促使科研成果的转化，其核心法案是《1980年大学和小企业专利程序法案》（University and Small Business Patent Procedures Act of 1980），又称《拜杜法案》（Bayh–Dole Act）。《拜杜法案》允许美国各大学、非营利机构和小型企业为联邦政府资助的科研成果申请专利，拥有知识产权，并通过技术转让而商业化，目的是尽可能确保公共经费所资助的发明成果能够通过技术的商业化来提高公共福利，从而为公共卫生、政府职能、创造就业、国际竞争、经济发展及其他公共事业作出贡献。《拜杜法案》的作用不仅体现在专利数量的增加上，还体现在重新定位大学、企业和政府之间的关系上，大学成了美国创新体

---

❶ 数据来源：National Center for Science and Engineering Statistics. Higher Education Research and Development Survey [EB/OL]. (2023–11–01) [2024–05–01]. https://ncses.nsf.gov/browse-library?survey=Higher%20Education%20Research%20and%20Development%20(HERD)%20Survey.

❷ 数据来源：1. MOWERY D C, NELSON R R, SAMPAT B N, et al. Ivory tower and industrial innovation: university–industry technology transfer before and after the Bayh–Dole Act [M]. Stanford: Stanford University Press, 2004: 25.

2. National Center for Science and Engineering Statistics. Higher Education Research and Development Survey [EB/OL]. (2023–11–01) [2024–05–01]. https://ncses.nsf.gov/browse-library?survey=Higher%20Education%20Research%20and%20Development%20(HERD)%20Survey.

系中突出的一部分。❶

  随着创新需求的增长以及跨学科知识的发展，产业界也日益依赖大学的基础研究成果，产业界对大学的研发支持明显增加。美国产业界对大学研发经费的投入占大学研发总经费的比例从1980年的3.89%提高到1999年的最高点，为7.38%，2021年为5.70%。按2017年定值美元计算，产业界对大学科研经费的资助从1980年的6.11亿美元上升为2020年的49.18亿美元，增长了7倍多。❷

  在联邦政府政策的推动下，随着大学科研经费的增加和知识本身的发展，美国大学在生物、医学、化学、信息技术、农业工程等领域内产生了大量重要研究成果，并且出现了一批在高科技转化领域内非常活跃的大学。从科技论文发表来看，大学是美国科技论文的主要贡献者，2003—2022年美国大学科技论文产出数量从23.27万篇增加为35.40万篇，大学产出的科技论文占美国科技论文总数的比例整体保持在60%左右。❸ 从以专利为基础的技术转化的各项指标来看，发明披露、专利授权、技术许可、大学衍生企业，以及技术许可收入都在不断上升。1980年之前，美国大学专利授权数还不到400项；《拜杜法案》出台后，美国大学专利授权数迅速增加，1988年达到833项；2000—2009年，美国大学专利授权数稳定在3000多项。自2010年开始，美国大学专利授权数进

---

 ❶ 亨利·埃兹科维茨. 麻省理工学院与创业科学的兴起［M］. 王孙禺，袁本涛，译. 北京：清华大学出版社，2007：161.

 ❷ 数据来源：National Center for Science and Engineering Statistics. Higher Education Research and Development Survey［EB/OL］.（2023-11-01）［2024-05-01］. https://ncses.nsf.gov/browse-library?survey=Higher%20Education%20Research%20and%20Development%20（HERD）%20Survey.

 ❸ 数据来源：1. National Science Foundation. Changing U.S. output of scientific articles. 1988-2003［EB/OL］.（2016-02-08）［2024-05-01］. https://wayback.archive-it.org/5902/20160208160253/http://www.nsf.gov/statistics/nsf07320/.

 2. National Science Foundation. Publications output: U.S. trends and international comparisons［EB/OL］.（2023-03-03）［2024-05-01］. https://ncses.nsf.gov/pubs/nsb202333/publication-output-by-region-country-or-economy-and-by-scientific-field.

一步迅速增长，从2010年的4515项增加为2022年的6650项。❶ 技术许可收入为大学、学系和研究者增加了研究经费，1995年，美国135所大学的技术许可带来了3.08亿美元的许可收入；2000年149所大学的许可收入增加到11.15亿美元；2020年160所大学的许可收入达到20.90亿美元；而到2022年，162所美国大学的技术许可收入急剧上升为34.6亿美元。❷ 新冠疫情进一步刺激了生命科学的发展，2022年，宾夕法尼亚大学由于研发出新冠疫苗获得了13亿美元的许可收入。专利和许可活动在各学科的情况不同，生物医药领域的专利是美国大学专利增长的主要动力，生物医药领域的专利总数占美国大学专利总数的比例1988年为36%，到1999年达到最高点为44%，到2008年仍然保持在32%。❸ 随着大学使命的增加，美国大学创办了大量衍生企业，1980—2015年，美国基于大学技术许可创办的大学衍生企业数量为4000家以上。❹

美国研究型大学在20世纪80年代以来科研产出的趋势和特点体现出一种新的知识生产模式，迈克尔·吉本斯（Michael Gibbons）称之为"后洪堡模式"，即"模式2"；希拉·斯劳特（Sheila Slaughter）称之为"学术资本主义"；亨利·埃兹科维茨（Henry Etzkowitz）称之为"创业型大

---

❶ 数据来源：1. U. S. Patent and Trademark Office. U. S. colleges and universities utility patent grants, calendar years 1969－2012: unconsolidated listing of all college and university assignees and their associated annual patent counts [EB/OL]. (2015－07－01) [2023－01－02]. https://www.uspto.gov/web/offices/ac/ido/oeip/taf/univ/org_gr/all_univ_ag.htm.
2. National Science Board. The state of U. S. science and engineering: science & engineering indicators 2024 [EB/OL]. (2024－03－01) [2024－05－10]. https://ncses.nsf.gov/pubs/nsb20243/assets/nsb20243.pdf.
3. U. S. Patent and Trademark Office. U. S. patent statistics chart calendar years 1963－2020. [EB/OL]. (2021－05－01) [2023－01－01]. https://www.uspto.gov/web/offices/ac/ido/oeip/taf/us_stat.htm.
❷ 数据来源：AUTM. STATT Database [EB/OL]. (2022－03－12) [2024－05－10]. https://autm.net/surveys-and-tools/databases/statt/.
❸ 数据来源：National Science Foundation. Science and engineering indicators: 2010 [EB/OL]. (2016－02－10) [2024－01－02]. https://wayback.archive-it.org/5902/20160210151754/http://www.nsf.gov/statistics/seind10/.
❹ 数据来源：AUTM. The ATUM briefing book: 2015 [EB/OL]. (2017－12－01) [2023－09－10]. https://www.cshl.edu/wp-content/uploads/2017/12/AUTM-Briefing-Book-2015.pdf.

学"。知识生产的新模式使大学与产业界之间的联系日益紧密、联系的方式也变得更加多样化，包括合作研究、专利和许可活动、孵化器、衍生企业以及风险投资等。另外，商业科学进入大学科研挑战了传统的学术科学规范，由此带来了商业科学与学术科学的冲突与融合。

20世纪80年代以来，在大学科研促进国家创新和经济发展的大背景下，美国研究型大学的科研产出受政府和市场两方面的影响，由此引出本书的研究问题：20世纪80年代以来外部和内部制度环境的变化对美国研究型大学的科研产出产生怎样的影响？美国研究型大学科研产出具有怎样的趋势和特点？哪些大学、哪些学科带动着大学的科研产出？其原因是什么？由此体现出来的研究型大学知识生产模式产生了怎样的变化？为此，本研究将回顾国家创新体系背景下美国研究型大学过去40多年在科技政策、研发经费、论文产出、专利产出、衍生企业等方面的情况，来探讨美国研究型大学科研职能变化，并通过公立、私立样本研究型大学的科研产出数据总结其趋同性特征，且在此基础上分析20世纪80年代以来美国研究型大学知识生产模式变化特征及其带来的现实挑战。

二、文献综述

1. 对美国科技政策的研究

约翰·埃里克（John Alic）研究了美国后工业时期的科技政策，并认为该政策受到了四大因素的影响：第一，"冷战"结束；第二，服务业的持续扩张；第三，人们开始从全球化的视角来理解国家经济；第四，生物科学的繁荣。从科技发展来看，20世纪70年代以后的美国国家创新体系有以下变化：专利保护得到加强；产业界和政府对研发的经费投入之比从20世纪70年代中期的45∶55变成70∶30；企业开始建立相互之间以及与大学之间的技术联系。❶

---

❶ ALIC J A. Postindustrial technology policy [J]. Research Policy, 2001 (6): 873-889.

很多外国学者从经费政策的角度对美国科技政策进行了研究。美国前总统科技顾问尼尔·莱恩（Neal Lane）对美国"二战"后历届政府的科技政策的历史进行了研究。从1955—2007年美国联邦政府对国防和非国防经费的投入来看，非国防经费稳步上升，虽然其所占比例依然小于国防经费。从1976—2008年美国联邦各资助机构的经费来看，美国国家卫生研究院（NIH）的经费比例最高，1976—1998年NIH的经费数处于缓慢上升阶段，2000年之后增长迅速，直到2006年才略微回落。美国国家科学基金会、国防部、能源部、国家航空航天局、美国农业部及其他机构的经费均低于NIH，且经费数增长缓慢。❶ 希拉·斯劳特的研究表明，20世纪80年代，研究型大学来自州政府的经费占大学日常运行总经费的比例大量减少，从50%降至28%。联邦政府在大学研发经费中的比例也从1980年的67%降至2001年的59%。与之形成对比的是，来自企业和私人领域的经费比例从1980年的4%增至2001年的7%。在大学日常运行经费的各部分组成中，上涨最快的是学生学费。❷ 罗杰·盖格（Roger Geiger）研究发现，自1980年到2000年，在美国研发总经费中，来自联邦政府的经费事实上增长了不到20%，而来自产业界的经费增长了200%。这种情况与20世纪60年代的情况完全相反，当时来自联邦政府的经费占到了所有研发经费的70%，而来自产业界的经费仅占30%。但是，在联邦政府所资助的研发经费中，基础研究经费在20世纪80年代增长了50%，20世纪90年代处于持平。而产业界所资助的研发经费中，基础研究经费占6%~7%，20世纪90年代末有所上升。这些发展体现出基础研究受到重视并有所扩张。基础研究经费占国内生产总值（GDP）的比例从1980年的0.32%提高到1990年的0.4%，继而增长到2000年

---

❶ LANE N. US science and technology：an uncoordinated system that seems to work [J]. Technology in Society，2008，30（3）：248-263.

❷ SHEILA S and GARY R. Academic capitalism and the new economy：markets，state and higher education [M]. Baltimore：The Johns Hopkins University Press，2004：181-182.

的 0.48%。这意味着美国的高技术经济需要加大对基础研究的投入。❶

也有学者从专利政策的角度进行了研究。美国国家科学院的报告研究认为,《拜杜法案》的出台具有重要意义,它为联邦机构资助小企业及非营利机构(包括大学)的研究建立了统一的专利政策,允许它们对联邦政府资助作出的发明拥有产权。对于大学而言,获得发明的所有权,再通过许可活动促进这些发明的商业开发成了学术机构的行为惯例。❷大卫·摩尔里(David Mowery)等对《拜杜法案》的影响有大量研究,他们认为《拜杜法案》使大学保持了联邦政府资助的学术研究成果的专利权,从而鼓励大学进行专利和许可活动。❸ 但是,他们通过对美国学术专利数最多的三所大学——加州大学、斯坦福大学和哥伦比亚大学1980年以前和以后的专利数据的研究,发现促进这些大学专利和许可活动增长的最主要原因是生物医学研究的增长,而不是《拜杜法案》的影响。❹

美国学者罗杰·盖格则对美国州政府的政策进行了研究,将20世纪80年代各州科技政策概括为:①支持技术发展,重点扶持与当地产业有关的大学科研;②向大学与企业联合研究中心提供资助;③设立各种项目帮助小企业获取和吸收大学科研成果。这些举措在20世纪80年代末达到顶峰,而后由于看不到有形的经济效益失去了政治支持。自20世纪90年代末开始,州政府科技政策又再次复兴,除保留以往的政策以外,又增加了一些新的政策:第一,重点支持和发展高科技产业;第二,强调产业与学术机构合作产生"聚集效应";第三,支持高技术创业公司。❺

---

❶ GEIGER R L. Knowledge and money: research universities and the paradox of the marketplace [M]. Stanford: Stanford University Press, 2004: 134 - 135.
❷ National Research Council of the National Academies. Managing university intellectual property in the public interest [M]. Washington, D. C.: National Academies Press, 2011: 16.
❸ SAMPAT B N, MOWERY D C, Ziedonis A A. Changes in university patent quality after the Bayh - Dole act: a re - examination. International Journal of Industrial Organization, 2003, 21 (9): 1371 - 1390.
❹ MOWERY D C, ZIEDONIS A A. Academic patent quality and quantity before and after the Bayh - Dole act in the United States [J]. Research Policy, 2002, 31 (3): 399 - 418.
❺ GEIGER R L, SÁ C M. Beyond technology transfer: US state policies to harness university research for economic development [J]. Minerva, 2005, 43 (1): 1 - 21.

2. 对美国大学、产业界和政府互动关系的研究

有学者对大学－产业界－政府互动带来的影响进行研究。尼尔·莱恩认为，美国之所以能够在"二战"后的60年里成为科技研发的领导者，首先得益于公共部门与私人企业在科研和高等教育领域的成功合作，通过"二战"中政府、大学和国家实验室的密切合作而建立起来的伙伴关系不仅为美国带来新的科学发现，而且培养了优秀的科学家、工程师和企业家；其次得益于美国产业界的竞争力和创造性，富有创造力的私人企业顺利地将新思想和新发明转化成全球市场中的产品和服务。❶

有的学者从美国大学－产业界互动的制度和文化基础开展研究。大卫·摩尔里认为，美国高等教育体系与很多其他工业国家的高等教育体系有着明显不同，包括大学和学院所享有的高度自治权，大学对当地的财政资源和政治支持上的依赖，大学为获得经费、声誉、教师和学生展开激烈的竞争等。美国高等教育的结构特征为美国大学与产业间建立紧密的联系提供了强大的动力。早在1980年以前很多大学教师就已经积极参与到专利的发明和许可活动之中。然而，除专利和许可之外，从大学到产业界的知识流动和技术转化还通过其他途径实现，从论文的发表到聘用大学培养出的科学家和工程师，这些都对技术密集型产业的创新起着巨大作用。❷

有学者研究了大学－产业界互动关系的转变条件。罗杰·盖格认为有三大发展促使了大学对产学关系态度的转变：第一，关于美国经济竞争力发生危机的共识促使产业界加大对学术研究的投入，从而促进学术研究成果向商业领域的转化；第二，生物技术的出现起到了促进作用；第三，积极参加专利活动或建立科技园的大学取得了成功。对于大学来说，由于通货膨胀所引起的经费压力，与产业界加强合作甚至是直接参

---

❶ LANE N. US science and technology: an uncoordinated system that seems to work [J]. Technology in Society, 2008, 30 (3): 248–263.

❷ MOWERY D C, NELSON R R, SAMPAT B N, et al. Ivory tower and industrial innovation: university–industry technology transfer before and after the Bayh–Dole Act [M]. Stanford: Stanford University Press, 2004: 13.

与到一些商业行为之中将带来急需的收入。❶

有的学者总结了大学－产业互动的模式特征。亨利·埃兹科维茨研究发现,20世纪80年代以后,相当多的美国大学承担起了经济发展的任务,有时是迫于资金紧缩等外部压力,有时出于扩大科研的内部驱动力。教授参与创建基于他们科研成果的公司,这一举动代表着"大学－产业"的关系发展到了一个新的阶段。大学与企业关系的新重点是发展大学的科研能力和建立一系列具有边界扩散效应的机制,包括技术转让办公室和衍生企业。孵化器为新公司的创建提供了温床和其他辅助性服务,而科技园则将成功的企业与学术资源联系起来。❷ 他还进一步提出,这存在着一个走向大学－产业－政府关系三螺旋的全球发展趋势。❸

3. 对美国大学知识生产模式变化的研究

1994年迈克尔·吉本斯等学者在《知识生产的新模式:当代社会科学与研究的动力学》一书中首次提出了"知识生产模式2"的概念,并论述了其基本特征。吉本斯等学者提出大学科学研究分为模式1和模式2两种方式,并逐渐走向模式2。在该书中,作者提出了模式2知识生产的五类典型特征:应用情境中的知识生产、跨学科性、质量控制、异质性和科研组织结构的多样性、社会问责与自反性。

希拉·斯劳特和加里·罗兹(Gary Rhoades)认为,大学为了能够实现与新经济的结合开始从公共物品知识制度体系转向学术资本主义知识制度体系,但是学术资本主义知识制度体系并未取代公共物品知识制度体系,它们二者之间相互共存、交叉和重合。❹ 他们认为,学术资本主义

---

❶ GEIGER R L. Knowledge and money: research universities and the paradox of the marketplace [M]. Stanford: Stanford University Press, 2004: 24.

❷ 亨利·埃兹科维茨. 麻省理工学院与创业科学的兴起 [M]. 王孙禺,袁本涛,译. 北京: 清华大学出版社, 2007: 20.

❸ 亨利·埃兹科维茨. 三螺旋: 大学·产业·政府三元一体的创新战略 [M]. 周春彦, 译. 北京: 东方出版社, 2005: 2-3.

❹ SLAUGHTER S, RHOADES G. Academic capitalism and the new economy: markets, state and higher education [M]. Baltimore: The Johns Hopkins University Press, 2004: 28-30.

是一种市场导向的知识生产与转化方式，是一种基于专业化理念的大学组织与管理模式，是一个影响大学及其成员身份定位的文化系统。❶ 州政府经费比例的减少为"学术资本主义"提供了合法性，随着国家固定拨款的减少，能够与市场接轨领域的教学科研人员会很快向学术资本主义发展，他们参与学术资本主义有可能增加大学各专业和学科之间的差别，因为大量的外部收入似乎只集中在相对少数贴近市场的领域。❷

亨利·埃兹科维茨在其著作《麻省理工学院与创业科学的兴起》（*MIT and the Rise of Entreprenerial Science*）中以麻省理工、斯坦福等大学为案例，以两次学术革命为视角，论述了在新的社会环境下，大学职能的扩展从教学、科研扩展到经济与社会的发展，并且指出在大学将教学和科研与知识资本化相结合的过程中，诞生了一种新的大学模式——创业型大学。❸ 亨利·埃兹科维茨认为，研究型大学模式强调教学与科研之间的相互关联，而创业型大学将促进经济与社会发展的所谓"第三使命"与教学、研究使命结合起来，是处于发展中的当代现象，使大学在新出现的基于持续组织创新与技术创新的创新模式中起领导性作用。❹

4. 对美国研究型大学科研产出的研究

（1）对美国研究型大学论文产出的研究

金·汉（E. Han Kim）等通过对过去 30 多年经济和金融学领域专业排名前 25 的大学的教师论文产出进行研究，试图回答"精英型大学是否逐渐丧失了它们的竞争力？"这一问题，研究发现，20 世纪 70 年代，隶属于专业排名前 25 的精英型大学的教师相较于其他教师产出了更多的科研成果，20 世纪 80 年代是否隶属于精英型大学的影响减小，到 20 世纪

---

❶ 张维红. 学术资本主义对高等教育的影响分析［J］. 当代教育论坛：综合研究，2011（1）：13 – 15.

❷ 易红郡. 学术资本主义：世界高等教育发展的新理念［J］. 教育与经济，2010（3）：53 – 57.

❸ 亨利·埃兹科维茨. 麻省理工学院与创业科学的兴起［M］. 王孙禹，袁本涛，译. 北京：清华大学出版社，2007：2 – 28.

❹ 亨利·埃兹科维茨. 三螺旋：大学·产业·政府三元一体的创新战略［M］. 周春彦，译. 北京：东方出版社，2005：33.

90年代这一影响已经消失，产生这样的结果是由于通信科技的创新。由此，作者认为，精英型大学在促进教师科研产出方面确实正在丧失它们的竞争力，但由于顶尖的研究者都集中于精英型大学和学系之中，精英型大学在科研产出方面仍然保持优势，它们在研究产出方面具有高度的可见性和公信力，更容易吸引具有高产出的研究者。他们通过研究还发现，教师在获得终身教职之前的科研产出处于顶峰时期，而年龄越大、级别越高的教师其科研产出越低，这可能与他们会花更多的时间出版著作和培养博士生有关。❶

詹姆斯·亚当斯（James Adams）和 J. 克莱蒙斯（J. Clemmons）对美国110所大学不同学科的论文产出和引文进行研究，通过研究各学科的引文出处来研究学科间的知识流动，探索"研究应该在学科内部还是在学科之间合作进行？"这一问题。研究发现，1983—1999年，农业、生物、化学、地球科学、工程、数学和心理学领域所发表的论文，对其他学科知识的引用率都有所上升，上升最快的是工程学，天文学、计算机科学和物理学论文对其他学科的引用率降低；而经济学和医学没有变化。因此，美国国家自然科学基金会对大学信息技术基础设施的投入可能增强了本领域内的研究而非促进了交叉学科研究。研究还发现，与来自同一大学的内部知识流动相比，来自其他机构的外部知识流动以及外部知识对科研产出的重要性均有所上升。尽管跨学科知识流动在大学所有知识流动中所占的比例略有上升，但在新思想的生成过程中，跨学科知识的重要性并没有上升，反而是同一学科领域的知识有所上升。❷

（2）对美国研究型大学专利产出和技术许可活动的研究

罗杰·盖格研究发现，20世纪80年代中期，美国专利总数在长达20年的停滞状态后开始出现增长；到20世纪90年代末，专利总数涨了一倍，为15万项。同一时期，美国大学专利数从500项增加到2500项，医

---

❶ KIM E H, MORSE A, ZINGALES L. Are elite universities losing their competitive edge? [J]. Journal of Financial Economics, 2009, 93 (3): 353-381.

❷ ADAMS J D, CLEMMONS J R. The role of search in university productivity: inside, outside, and interdisciplinary dimensions [J]. Industrial and Corporate Change, 2011, 20 (1): 215-251.

药领域的专利是这一增长的主要动力,从占所有大学专利数量的18%增长至46%,并且,医药专利是大学许可活动收入的主要来源。1997年许可收入最高的20所大学中,81%的许可收入来自生命科学。❶ 大卫·摩尔里等学者研究发现,美国大学专利和许可活动主要集中于少数研究领域,以生物医学和工程学为主,也正因如此,大学专利和许可活动的增加并不会影响整个大学学术研究的文化环境。❷ 他们认为,美国大学进行许可活动有以下目标:①获得许可收入;②保持或扩大产业研究支持;③促进地区经济发展;④保留教师资源;⑤促进技术商业化。但是,大学管理人员应当认识到,教学和科研是大学的核心任务,而技术转化和许可活动只是次要任务。除此之外,学术研究成果可通过多种渠道进入产业应用领域,而不仅是通过专利和许可活动。❸

迪帕克·赫奇(Deepak Hegde)研究了1975—2000年美国公立和私立大学的专利产出情况,以了解公立大学是否较私立大学产生的溢出效应更能够限制在本州的范围之内(本地化水平更高)。该研究发现,1975—1996年,美国私立大学和公立大学的专利产出与它们传统的技术优势直接相关,公立大学在化学、机械和农业方面的专利产出较多,而私立大学在计算机和通信方面专利产出更具有优势。❹ 卫斯理·赛恩(Wesley Sine)等的研究认为私立大学的声望和形象所带来的光环效应使它们比公立大学更能够吸引到客户,而不是因为科研质量更高。当地公司对有声望的私立大学的发明成果进行投资,不但能加强与学术界的联

---

❶ GEIGER R L. Knowledge and money: research universities and the paradox of the marketplace [M]. Stanford: Stanford University Press, 2004: 216-217.

❷ MOWERY D C, NELSON R R, SAMPAT B N, et al. Ivory tower and industrial innovation: university-industry technology transfer before and after the Bayh-Dole Act [M]. Stanford: Stanford University Press, 2004: 3.

❸ MOWERY Y D C, NELSON R R, SAMPAT B N, et al. Ivory tower and industrial innovation: university-industry technology transfer before and after the Bayh-Dole Act [M]. Stanford: Stanford University Press, 2004: 189-190.

❹ HEGDE D. Public and private universities: unequal sources of regional innovation? [J]. Economic Development Qarterly, 2005, 19 (4): 373-386.

系，而且有利于专利申请。❶

拉迪卡·普拉布（Radhika Prabhu）的博士论文从研发经费、论文发表和专利数量等方面分析研究了美国研究型大学纳米技术领域的学术知识生产和技术转化。他通过研究发现，纳米技术领域的研发经费、论文发表以及专利数量向少数学校聚集，因而纳米技术的创新主要向少数地区倾斜。他还发现那些将研究成果进行商业化的大学科学家能够很好地处理公共科学和商业科学这两种不同角色需求之间的冲突。❷

保罗·赫塞（Paul Heisey）等对不同类型大学的技术转化活动的研究表明，由于医药科学的迅速发展，拥有医学院的大学相较于没有医学院的大学能够获得更多的许可收入；具有赠地学院身份的大学更加重视进行公共服务，对农业研究的关注使它们的研究更具有应用性，更具有专利价值。❸

（3）关于美国研究型大学衍生企业的研究

罗利·欧夏（Rory O'Shea）等运用1980—2001年美国研究型大学衍生企业的相关数据研究了美国大学在衍生企业方面取得成功的原因并提出了相关的政策建议。他们的研究表明：第一，大学原有的资源和过往的成功会对衍生企业产生影响，技术、产品和运行方式的选择有赖于原有的发展，具有明显的路径依赖，因而，政策制定者应当帮助大学树立学术创业的文化；第二，科学和工程领域的教师质量对于大学衍生企业具有影响，因此，应当在雇用和保有一流科学家和工程学家方面加大投入；第三，经费资源对创业型大学具有影响，并且来自产业界的经费比例越大，技术转化水平就越高，因此，政策制定者应鼓励大学和产业界开展更多合作。除此之外，投入生命科学、计算机科学和化学的联邦经

---

❶ SINE W D, SHANE S, GREGORIO D D. The halo effect and technology licensing: the influence of institutional prestige on the licensing of university inventions [J]. Management Science, 2003, 49 (4): 478-496.

❷ PRABHU R. Knowledge creation and technology transfer in nanotechnology at research universities [D]. The Pennsylvanian State University, 2007: 1-11.

❸ HEISEY P W, ADELMAN S W. Research expenditures, technology transfer activity, and university licensing revenue [J]. The Journal of Technology Transfer, 2011, 36 (1): 38-60.

费水平也对技术转化具有正面影响，这同时表明不同学科的大学教师参与技术转化的程度是不一样的；第四，人员投入大的技术转移办公室对企业创办活动有正面影响。❶

斯科特·沙恩（Scott Shane）研究发现，大学衍生企业之所以重要是因为它们全部是一些具有经济影响力的高技术创业公司，在 1980—2000 年美国仅有 3376 家大学衍生企业产生，它们总体上都是非常成功的。❷他还研究了《拜杜法案》实施后大学衍生企业从 20 世纪 80 年代的每年 90 所增长为 2000 年的 500 多所的四大动因：生物技术的出现和发展；大学专利权的改变；专利法的变迁；衍生企业财政程序的变化。❸ 他的研究还表明，衍生企业的行为在不同研究型大学的表现存在差异并主要集中于少数大学。他将原因主要归结为三种资源上的差异：不同大学针对衍生企业制定了不同政策；技术转化办公室的专业性不一；大学文化和目标的不同。除此之外，大学质量也对衍生企业的创办具有正面影响。❹

还有学者对美国科研投入和产出做了全面的研究。斯蒂芬·史蒂文·布科拉（Steven Buccola）等分别于 2003—2004 年和 2005—2006 年对美国赠地大学、非赠地身份的公立大学以及私立大学这三种类型的研究型大学的生物科学领域的科学家进行了调查研究，对他们所获得的经费来源、职称、期刊论文的发表数量等指标进行了分析，研究发现，第一，联邦政府和州政府支持更多的基础研究，而产业界则支持更多的应用研究；第二，从事应用性、排他性研究的生物科学家比从事基础性、非排他性研究的生物科学家能够获得更多的政府经费，同时也获得更多的产

---

❶ O'SHEA R P, ALLEN T J, CHEVALIER A, et al. Entrepreneurial orientation, technology transfer and spinoff performance of U. S. universities [J]. Research Policy, 2005, 34 (7): 994 – 1009.

❷ SHANE S A. Academic entrepreneurship: university spinoffs and wealth creation [M]. Northampton: Edward Elgar Publishing Inc., 2004: 1.

❸ SHANE S A. Academic entrepreneurship: university spinoffs and wealth creation [M]. Northampton: Edward Elgar Publishing Inc., 2004: 8.

❹ SHANE S A. Academic entrepreneurship: university spinoffs and wealth creation [M]. Northampton: Edward Elgar Publishing Inc., 2004: 67 – 89.

业界支持；第三，职称高的科学家倾向于从事更多的应用性但是非排他性的研究；第四，赠地大学的科学家较私立大学的科学家从事更多的应用性研究；第五，生物科学家每年多发表一篇论文则其所获得的政府资助就能够增长 23140 美元，其所获得的私人资助能够增长 8320 美元。私立大学的科学家能够从公、私两个渠道获得经费，比公立大学的科学家获取经费要高，非赠地身份的公立大学比赠地大学获得的经费要高。私立大学比公立大学聘用更多数量的成功研究者，对非研究性工作要求更为宽松，其创业文化也浓厚。❶

三、理论基础

1. 制度同形理论

本书将运用制度同形理论来解释研究型大学作为组织与环境的关系，以及在外部环境影响下美国研究型大学科研产出的趋同。

新制度主义使人们关注组织的制度环境，即组织赖以生存的、社会建构的规范世界。1977 年约翰·W. 迈耶（John W. Meyer）的《作为一种制度的教育之影响》(The Effects of Education as an Institution) 和与布利尔·罗恩（Brian Rowan）合写的《制度化的组织：作为神话和仪式的正式结构》(Institutionalized Organizations: Formal Structure as Myth and Ceremony) 两篇论文确立了组织分析的新制度主义的很多核心思想要素。❷ 迈耶从合法性机制出发，提出了组织被外部制度环境所塑造并与之趋同和相似的命题，这种现象被称为"理性的神话"。

（1）组织与制度环境的关系

新制度主义者认为必须从组织与环境关系的角度去研究这些对象，

---

❶ BUCCOLA S, ERVIN D, YANG H. Research choice and finance in university bioscience [J]. Southern Economic Journal, 2009, 75 (4): 1238 – 1255.
❷ 沃尔特·W. 鲍威尔, 保罗·J. 迪马吉奥. 组织分析的新制度主义 [M]. 姚伟, 译. 上海：上海人民出版社, 2008：13.

组织是由其所处环境中的现象建构的，并倾向与这些现象同形。有种解释认为，这种同形是出于正式组织在技术和交换上的相互依赖，而使其与所处环境日益协调和一致。❶ 迈耶提出，许多正式的组织结构都是理性的制度规则的反映。制度规则成为组织获得合法性、资源、稳定性，以及提高组织生存能力的"神话"，组织制度结构与制度环境趋同。❷ 大学作为一个学术性组织，也要不断接受同化或顺应外部环境变化，不断接受社会法律制度、文化期待和观念制度要求。❸

（2）组织趋同

新制度主义学者沃尔特·鲍威尔（Walter·W. Powell）和保罗·迪马吉奥（Paul J. DiMaggio）提出了"制度同形"的概念。组织分析的新制度主义把在劳动力市场、学校、政府和公司中发现的，令人吃惊的制度同形（isomorphism）作为研究的起点。制度同形中"同形"又译为"相似""同一""趋同""同质"等，是组织分析的新制度主义的一个重要概念，是指某些组织在社会规则、规范、技术性竞争等因素的影响下，组织之间结构设置方面日益相同或相似。❹ 对于理解普遍渗透于现代组织生活中的政治和仪式而言，制度同形概念是一个有用的工具。"同形"这个概念最能体现组织同质化过程的实质。❺ 保罗·迪马吉奥和沃尔特·鲍威尔认为来自组织外环境中的"制度压力"会导致组织形式和组织活动的同形，面对环境的不确定性，组织会进行理性抉择从而导致组织的结构、文化和产出产生同质性。他们还具体分析了三种同形机制，即强制性同形（coercive isomorphism）、模仿性同形（mimetic isomorphism）、规

---

❶ 沃尔特·W. 鲍威尔，保罗·J. 迪马吉奥. 组织分析的新制度主义[M]. 姚伟，译. 上海：上海人民出版社，2008：51.

❷ MEYER J W, ROWAN B. Institutionalized organizations: formal structure as myth and ceremony [J]. American Journal of Sociology, 1977, 83: 340-363.

❸ 王占军. 高等院校组织趋同的机制研究[D]. 北京：北京师范大学，2009：24.

❹ 沃尔特·W. 鲍威尔，保罗·J. 迪马吉奥. 组织分析的新制度主义[M]. 姚伟，译. 上海：上海人民出版社，2008：11.

❺ 沃尔特·W. 鲍威尔，保罗·J. 迪马吉奥. 组织分析的新制度主义[M]. 姚伟，译. 上海：上海人民出版社，2008：72.

范性同形（normative isomorphism）。❶

2. 科学社会学理论

本书将运用默顿的科学社会学理论，一方面分析基本的科学规范对大学科研产出的影响，另一方面分析20世纪80年代以来美国研究型大学知识生产模式变化对学术科学规范的挑战。

美国著名社会学家、被誉为"科学社会学之父"的罗伯特·K.默顿提出了关于科学的精神气质问题。他认为，科学不仅是依照经验与理性取得的一种特殊知识体系，而且是一种社会组织起来的文化活动和社会建制，有支配科学家活动、维系科学组织、决定科学发展的伦理规范或科学精神气质。❷ 他提出的四种科学制度必需的规范——普遍主义、公有性、无私利性以及有组织的怀疑态度，构成了现代科学的精神特质。

默顿关于科学规范的观点被批评者认为过于理想化而忽视了科学工作的实际情况。然而，默顿后期的著作《社会学的矛盾选择及其他文集》（*Sociological Ambivalence and Other Essays*）提出了"社会学的矛盾选择"概念，认为科学家的角色反映了处于主导地位的规范和处于从属地位的反规范之间相互抵消的动态性互动。例如，科学家可能会根据具体情况的要求和所遇到的外部挑战来决定将他们的研究描绘成基础性或者应用性的，将知识的生产和开发之间的边界确定为清晰的还是模糊的。这种"社会学的矛盾选择"可能会导致科学家之间的内部冲突和紧张，但却能为科学家提供可选择的文化资源来使他们的工作边界具有合法性并保护他们在不同情境下的地位。❸ 20世纪80年代以来，市场逻辑被引入学术研究之中，这种"社会学的矛盾选择"使学术科学与商业科学得以共存。

本研究从默顿的科学社会学制度规范视角分析学术科学规范对于美

---

❶ DIMAGGIO P J, POWELL W W. The iron cage revisited: Institutional isomorphism and collective rationality in organizational fields [J]. American Sociological Review, 1983, 48: 147-160.

❷ 董金华. 科学技术与政治之间的社会契约关系 [M]. 北京: 知识产权出版社, 2010: 127-128.

❸ LAM A. From "ivory tower traditionalists" to "entrepreneurial scientists"?: academic ccientists in fuzzy university – industry boundaries [J]. Social Studies of Science, 2010, 40 (2): 307-340.

国研究型大学的知识生产起到怎样的促进作用，以及在科研商业化的环境下，学术科学规范如何受到来自商业科学的冲击，继而分析这种冲击对于研究型大学的影响。

四、研究方法

本研究将运用以下研究方法：

1. 文献法

本研究通过广泛搜索和研读国内外专家学者的研究资料，将回顾和分析20世纪80年代以来国家创新体系背景下美国科技政策和研究型大学知识生产的历史、动因和发展趋势。

2. 比较法

本研究将运用比较法对美国公立研究型大学和私立研究型大学科研产出情况进行比较。为获得公、私立研究型大学的样本，本研究根据2021年卡内基高等学校分类得到146所研究能力很强的研究型大学（研究型大学Ⅰ类），其中公立研究型大学107所，私立研究型大学39所，然后运用STATA软件根据地域分布随机抽取公立研究型大学样本20所、私立研究型大学样本10所。

3. 统计法

本研究用于测量科研投入的指标是美国大学研发经费指标，科研产出的指标是大学科技论文产出、专利活动以及大学衍生企业这三大指标。主要收集和分析20世纪80年代以来的数据。

（1）研发经费数据

美国大学研发经费数据来自美国科学和工程统计中心（National Center for Science and Engineering Statistics）的高等教育研究和发展调查（Higher Education Research and Development Survey）数据。本书还将运用GDP物价平减指数把经费数据转化为2017年定值美元以更加准确了解研发经费随时间的变化趋势。

（2）论文产出数据

本研究的论文产出数据分两种方法进行收集，其中美国研究型大学论文产出的总体情况采用美国国家科学基金会所提供的数据。大学层面的论文产出数据则是来自 Web of Science 数据库。由于本研究主要研究科技产出方面的数据，仅使用 SCIE 进行科技论文产出数据的收集。本研究将科学引文索引数据库中属于文章（articles）的论文计为论文产出。

（3）专利数据

一方面，专利数据收集来自美国专利和商标局（US Patent and Trademarks Office，USPTO）网站，该网站提供美国大学专利产出方面的 1988 年以前的整体数据和 1988—1996 年的逐年数据。另一方面，1997 年以来的大学专利数据收集自国家科学委员会（National Science Board）网站。

（4）许可收入和衍生企业数据

大学许可收入和衍生企业数据主要来自美国大学技术经理人协会（Association of University Technology Managers，AUTM）的调查数据。美国大学技术经理人协会收集包括美国大学、医院、非营利研究机构的技术许可的产出情况，以美国大学的产出情况为主，本研究剔除医院、非营利研究机构数据之后仅保留大学数据。

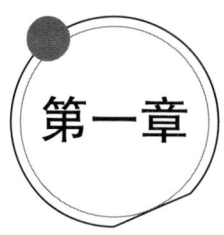

第一章

20世纪80年代以来美国科技政策的转变

自美国联邦政府出台《1862年莫雷尔法案》(*The Morrill Act of 1862*)(又称《赠地法案》)支持各州建立赠地学院开始,美国大学与政府之间的伙伴关系就开始建立起来。赠地学院以农业教育与工艺机械教育为核心,主要向学生讲授农业科学知识、农业生产技术等实用科目,体现了美国高等教育向服务社会经济发展方面的延伸。"二战"期间,大学为政府承担军事项目研究,进一步巩固了大学-政府伙伴关系,联邦政府成了大学科研的主要支持力量。20世纪70年代末,随着日本和德国经济力量的兴起,经济竞争力成为美国经济政策的主题,人们发现大量的科研成果并没有带来高科技工业的发展,美国的科研优势并没有转化为经济优势和市场优势,美国工业在世界市场的优势越来越小,竞争力明显减弱。造成这个问题的原因之一是在美国科学研究与科技成果应用方面存在体制上的问题:一方面,以大学为主的基础科学研究部门没有进行成果转化的动力,因为根据联邦法律规定,由联邦政府资助的科研成果其所有权由联邦政府拥有;另一方面,由于联邦政府在技术转让方面的法律非常复杂,所以产业部门也难以利用由联邦政府资助产生的科研成果。在此背景下,美国政府开始推行新的科技政策,目的是使大学的科研成果能够促进产业创新和经济发展。

第一节 美国科技创新模式的转变

美国国家创新体系中有三大科研系统：政府系统、产业系统和高等教育系统。政府系统主要从事政府职能所需的应用研究和少量的基础研究，产业系统主要从事应用研究和技术开发，高等教育系统则主要从事基础研究。万尼瓦尔·布什的报告《科学——无止境的前沿》（Science: The Endless Frontier）奠定了美国研究型大学在技术创新中的重要位置，大学在促进科学与工程学科知识方面的作用显而易见。但是，随着科技变化和全球竞争，大学的传统作用也发生了深刻的变化，产生了技术创新的新模式，高等教育系统在美国国家创新体系中的重要性也进一步增强。正如艾伦·格林斯潘（Alan Greenspan）谈到的，"在 21 世纪，我们的高等教育机构应当承担起帮助社会应对迅速的经济变化的责任"。[1]

一、万尼瓦尔·布什的"纯科学模式"

1944 年"二战"接近尾声，罗斯福总统写信给当时就任科学研究与开发办公室（The Office of Scientific Research and Development, OSRD）的万尼瓦尔·布什，要求布什就如何使科学共同体将战时经验应用在和平年代，从而为国家的经济、卫生、安全和生活质量作出贡献提出意见，布什及其委员会在 8 个月之内向杜鲁门总统提交了著名报告《科学——无止境的前沿》（简称《布什报告》）。报告提出：人民健康、国家安全和公共福利需要科学进步、需要新的科学知识；联邦政府应该承担新的

---

[1] VEST C M. The American research university from World War II to world wide web: governments, the private Sector, and the emerging meta-university [M]. Berkeley: University of California Press, 2007: 40.

责任，对科学进行大量投资，促进新科学知识的产生和青年人科学才能的培养。❶《布什报告》强调，必须认识到科学的进步来自自由的知识分子的自由研究，他们研究自己选择的课题，并受认识未知事物的好奇心驱使，大学才是扩展知识前沿的场所。因此，政府应当为大学的研究提供相对宽裕的拨款支持，建立一种能保证稳定长期计划、保障维护探索自由独立的支持机构——国家研究基金会（National Research Foundation），专门支持科学研究工作和高级科学教育。❷ 这个机构的特点是由专业化人士管理，保持相当的独立性和自主性，它没有自己的研究机构，主要采取项目资助的方式资助大学中的基础研究，申请项目采取公开竞争、同行评议的方式。《布什报告》为推进美国政府支持科学提供了新的基础，科学不仅是科学家个人的事业，也是国家的事业，政府支持科学是极其必要的。

各大联邦机构在"二战"后践行着这种思想，越来越多的联邦机构如美国国家卫生研究院、能源部，以及国家航空航天局都建立起了大学科研支持项目。1950年，美国国家科学基金会建立，支持大学和其他研究机构的基础研究。在这种伙伴关系下，大学教师或群体向联邦机构为他们自己认为重要的课题提交课题申请，该课题申请由专家团进行评审，联邦机构通过听取专家团的意见来选择最佳的课题进行资助。理想情况下，联邦机构能够向最具才华的研究者和最具价值的研究提供支持。联邦政府为大学科研提供经费，这些科研经费和合同也为研究生教育提供了资源。因此，每一份资助都实现着两大目的——在产生新知识和技术的同时，教育和培养下一代科学家、工程师和医生。这种联邦政府-大学伙伴关系取得的成功，对美国的大学也产生了根本的影响，科研集中

---

❶ BUSH V. Science the endless frontier：a report to the President by Vannevar Bush，director of the Office of Scientific Research and Development，July 1945［EB/OL］.（2023 - 08 - 20）［2024 - 05 - 03］. https：//www.nsf.gov/about/history/vbush1945.htm.

❷ BUSH V. Science the endless frontier：a report to the President by Vannevar Bush，director of the Office of Scientific Research and Development，July 1945［EB/OL］.（2023 - 08 - 20）［2024 - 05 - 03］. https：//www.nsf.gov/about/history/vbush1945.htm.

型的教育模式得到了普遍认同。

自此,"美国的科学体系总体上似乎按照万尼瓦尔·布什关于研究探索自由和独立的观念和谐地运转着,科学家不仅有着充足的经费,而且享受高度的探索自由,国防部等部门在大量的资助中并不干涉而是鼓励科学家从事自己认为值得做的研究。正像布什提出的,这个科学体系应该与培养新的科技人员结合起来,产生基础的科学和技术知识,把人才和知识作为副产品(spinning off)传给企业,由市场决定它们的经济和社会用途。"❶ 从《布什报告》中可以看出美国国家创新体系的雏形,就是通过研究创造新知识和技术,教育年轻人理解和创造这些新的知识和技术并且将它们应用到市场之中变成产品、程序和服务。这一体系相当成功,使美国摆脱了把欧洲作为基础知识来源的依赖,成为首屈一指的科技强国。经济学家认为美国在"二战"后的经济增长至少有一半要归功于技术创新,而很多创新都产生于研究型大学。❷ 另外,国家对大学的投入也促进了大学的发展,美国的公立和私立研究型大学发展壮大起来,很多大公司也开始成立研究实验室来吸引优异的学生,进行高端的纯科学和应用科学研究。

然而,在万尼瓦尔·布什的报告中,一个基本的理论假设是从基础研究到应用研究再到开发出产品和投入市场的线性过程,这一过程的各个组成部分是在大学和产业界这两个不同组织中分别进行的,基础研究由大学进行,产业界则负责将其商业化。这一理论假设将基础科学与应用科学相互分离,布什认为,基础研究和应用研究是不相关联的过程,基础研究的目标是认识,其发现在时间上具有超前性;应用研究的目标是应用,这种应用是以基础研究为前提的。❸ 但是,基础研究会自动转化

---

❶ 樊春良. 全球化时代的科技政策 [M]. 北京:北京理工大学出版社,2005:15.
❷ WEBER L E, DUDERSTADT J J. University research for innovation [M]. London:Economica Ltd., 2010:54.
❸ BUSH V. Science the endless frontier:a report to the President by Vannevar Bush, director of the Office of Scientific Research and Development, July 1945 [EB/OL]. (2023-08-20) [2024-05-03]. https://www.nsf.gov/about/history/vbush1945.htm.

为应用研究，也就是基础研究向应用研究延伸的"线性模式"。这种线性模式在本质上坚持了以下两个基本命题：一是基础研究的实施不考虑实际结果。"基础研究不应当以实际应用为目标。基础研究是基于自然及其规律的一般性知识和理解，这种一般性知识为解决实际问题奠定了基础，尽管它不一定能够提供完整的、具体的答案。"❶ 二是基础研究是技术进步的先行官，基础研究的发展对于国家竞争力和产业发展具有决定性作用。"一个在基础科学新知识方面依赖于他人的国家，将会减缓它的工业发展速度，并在国际贸易竞争中处于劣势。""开展基础研究的科学家不一定都对实际应用感兴趣，然而如果基础研究长期被忽略，产业发展也终将受到阻碍。"❷

《布什报告》在很大程度上被认为是美国科学政策的基础，从基础研究到应用研究之间的线性模式为政府开具了一副有吸引力的、简单化的政策处方，它使人们认识到联邦政府对大学和国家实验室的研究者以及下一代科学家的培养进行资助对国家安全、国民健康和国家经济的意义。联邦政府对研究型大学的资助极大地塑造了美国的科学事业。在"二战"之前，美国大学的大多数科学研究都是由大学本身、慈善基金会或私营企业资助的，联邦政府对大学研究的资助主要限于农业研究，并主要集中在赠地学院。在《布什报告》提交之后，联邦政府为大学提供了越来越多的资助，这些大学逐渐成了无与伦比的卓越研究中心、未来科学家和工程师的培训基地，美国研究型大学成为世界各国模仿的对象。

二、挑战纯科学模式："技术科学模式"

20世纪90年代，科技政策研究者开始批评经济创新的"旧模式"或

---

❶ BUSH V. Science the endless frontier: a report to the President by Vannevar Bush, director of the Office of Scientific Research and Development, July 1945 [EB/OL]. (2023-08-20) [2024-05-03]. https://www.nsf.gov/about/history/vbush1945.htm.

❷ BUSH V. Science the endless frontier: a report to the President by Vannevar Bush, director of the Office of Scientific Research and Development, July 1945 [EB/OL]. (2023-08-20) [2024-05-03]. https://www.nsf.gov/about/history/vbush1945.htm.

者说"布什模式",提出了科学在经济创新中作用的一种新模式,即"应用性基础研究",也称为"基础技术"(basic technology)、"以研究为基础的技术"(research – based – technologies)、"技术科学模式"。在这种模式下商业化科学占有优势地位,基础科学也不一定先于应用科学。

按照万尼瓦尔·布什的观点,美国的基础科学处于世界领先地位。那么也应在技术创新方面处于领先。但是,事实上在将新技术转变为满足市场要求的产品和服务方面,它却相对落后了。最初在美国被开发的技术,后面却经常被世界其他国家尤其是日本进行商业开发。❶ 日本的成功更多地归功于学习和改进世界先进技术,包括大量"以科学为基础的技术",而不是更多地归功于建造一个科学发动机,从内部去驱动其工业的发展。❷ 这些都促使美国对本国的公共政策进行深刻的反思:基础研究固然重要,但许多技术的重大突破与工业的突飞猛进并不直接源于纯基础研究,必须考虑应用性基础研究的重要作用。❸

D. E. 司托克斯基于巴斯德开展的微生物学研究的例子认为,有的研究往往受基础研究和应用研究两个目标的驱使。巴斯德在微生物领域中的基础研究工作中所获得的知识,很快就被应用到工业及公共健康问题中,因此,司托克斯认为,将认识目标和应用目标相互分离与科学本身的过程是不相符合的。在对科学和技术之间的关系进行梳理后,司托克斯提出了一个区别于从基础研究到应用研究的科学研究静态范式的新范式。科学与技术相互作用的动态范式是一个"四象限"框架:"纯基础研究"处于第一象限,亦称玻尔象限,代表好奇心驱动型的纯基础研究;"纯应用研究"处于第三象限,亦称爱迪生象限,代表为了实践目的的应用研究;第四个象限为"无名象限",包含既不是以认识为目的也不是以应用为目的的研究,可能是由研究人员对某种事物的好奇心驱使的。"应

---

❶ D. E. 司托克斯. 基础科学与技术创新:巴斯德象限 [M]. 周春彦,谷春立,译. 北京:科学出版社,1999:86.

❷ D. E. 司托克斯. 基础科学与技术创新:巴斯德象限 [M]. 周春彦,谷春立,译. 北京:科学出版社,1999:95.

❸ 董金华. 科学技术与政治之间的社会契约关系 [M]. 北京:知识产权出版社,2010:55.

用性基础研究"(basic science for use)处于第二象限,代表由解决实际应用问题产生的基础研究,亦称"巴斯德象限",它是既寻求扩展认识的边界、又受应用目的影响的基础研究❶。司托克斯尤其强调和探讨巴斯德象限,在巴斯德象限的应用性基础研究中,其目标既是探索未知问题又是满足社会需要。

1992年,美国国家科学院主席弗兰克·普林斯(Frank Press)提出,美国未来经济竞争力的关键在于"以研究为基础的技术"。与当时已有的技术不同,"以研究为基础的技术"直接来源于"基础研究而不是对已有的程序和产品进行加工",也来源于科学突破,能够为未来的产业界提供基础。❷生物技术就是一种"以研究为基础的技术",体现研究型技术特点的学科有很多,包括基因科学、蛋白质组学、纳米技术、光电科学、量子计算和神经科学。弗兰克·普林斯要求联邦政府推行促进研究型技术发展的政策,对于大学具有深远意义。

在传统观念中,基础研究与应用研究或商业技术之间是明显分离的,但是,在新的生物技术以及信息技术中,基础科学与商业技术之间的界线变得模糊。这些新的科学领域所涉及的知识都需要将基本理解与实际应用相结合,也就是"巴斯德象限"所体现的技术科学模式。

第二节　20世纪80年代以来美国联邦政府的科技政策

20世纪80年代,日本、欧洲和东亚的崛起改变了世界经济竞争格局。美国经济实力相对下降,为应对来自日本、德国的挑战,"竞争力"

---

❶ 董金华. 科学技术与政治之间的社会契约关系[M]. 北京:知识产权出版社,2010:85-86.

❷ GEIGER R L. The quest for "economic relevance" by US research universities[J]. Higher Education Policy, 2006, 19(4): 411-431.

开始成为美国经济政策和科技政策的关键词。"冷战"的结束使国防部资助的物理学和工程学研究的重要性减小，公共利益以及生物医药科学革命性的发展使美国国家卫生研究院所资助的生命科学研究获得优先地位。

一、20世纪80年代以来美国联邦政府科技政策的演变

20世纪80年代之前，从大学或联邦实验室到商业市场的技术转让很少发生，虽然麻省理工学院和斯坦福大学等大学长期与产业界合作，但是，大学参与技术转让没有成为公共政策。在1970年美国经济产量减少的情况下，1978年，美国商务部组织的由美国28个联邦机构、250名政府官员以及150名产业界、大学、劳工代表组成的产业创新委员会在进行了18个月的调查后形成了《产业创新的国内政策评估》（Domestic Policy Review on Industrial Innovation）文件，该文件中的政策建议包括：第一，加快联邦政府拥有的专利的许可进度；第二，加强大学与产业界的联系；第三，通过小企业创新研究资金对小公司进行帮助；第四，有选择地放宽经济限制；第五，通过税收政策激励研发。该文件为20世纪80年代的美国科技政策奠定了基础，并且一直到20世纪80年代末仍在实施。[1] 1980年美国国会通过了《史蒂文森－怀德勒技术创新法案》，其中指出"技术和工业创新对于美国公民的经济、环境和社会福祉至关重要"，该法案旨在更好地促进技术从联邦实验室转移到商业用途。同样，1980年出台的《拜杜法案》改变了联邦政府资助的大学研究的知识产权管理规则，允许大学保留知识产权，使大学更有动力将研究商业化。此外，国会还通过了《联邦技术转让法案》（1986年）、《国家技术转让与促进法》（1995年）、《技术转让商业化法案》（2000年）等法案，力图通过促进大学发明的知识产权保护、技术转让和大学－产业界合作伙伴关系加强大学研究与成果商业化之间的联系，从而促进产业创新和经济

---

[1] ALIC J A. Postindustrial technology policy [J]. Research Policy, 2001 (6): 873-889.

发展。

里根和布什政府时期，虽然政府主张新自由主义理念，反对对市场进行干预，但是美国联邦科技政策仍然进一步强调通过补贴和合作研究来促进大学–产业界之间在技术开发方面的合作来加强民用技术研究。国防部建立美国国家制造科学中心（National Center for Manufacturing Sciences）项目，以促进军民"两用"技术（dual use technology）中民用技术发展。该项目的建立扩大了联邦政府在支持民用技术方面的职能，尤其是在对经济发展和国家安全均有着重要意义的高技术领域。同时，对于知识产权的保护成为提高美国经济竞争力的一项重要政策，1980 年《拜杜法案》的出台正是由民主和共和两党参议员共同主张的，该法案致力于将联邦政府的科研投入转化为美国产业界的创新力量。❶

克林顿政府时期，美国政府在不断变化的经济、政治和社会背景下重新审视科学政策，科学要为经济服务，同时强调联邦政府对大学科研的支持。1993 年，克林顿总统刚上台不久，就以国情咨文的形式，在国会发表了《促进美国经济增长的技术——经济发展的新方向》（*Technology for America's Economic Growth：a New Direction to Build Economic Strength*）的报告，报告提出要通过技术促进美国经济增长，就需要保持美国在基础研究方面的领导地位，要大幅增加对国家科学基金会的资助，并建议对从事研究和实验的企业实行永久的税收抵免，为高科技初创企业获得税收抵免资格提供了基础。

1994 年，克林顿政府发布了《科学与国家利益》（*Science in the National Interest*），该报告明确指出："科学——既是无尽的前沿也是无尽的资源——是国家利益中一种关键性投资。"该报告提出了美国国家科学的政策框架，并确立了美国科学和工程事业的五大目标：①保持在科学知识前沿的领导力；②加强基础研究与国家战略之间的联系；③加强对基础科学和工程的投资以及物质、人力和财力资源的有效利用；④为

---

❶ MOWERY D C. The changing structure of the US national innovation system：implications for international conflict and cooperation in R & D policy [J]. Research Policy, 1998, 27 (6)：639 – 654.

21世纪培养最优秀的科学家和工程师;⑤提升全体美国人的科学技术素养。

1998年,美国众议院科学委员会进行了一项特别研究,形成了《开启我们的未来——迈向一项新的国家科学政策》(*Unlocking Our Future: Towards a New National Science Policy*)报告,报告提出了国会的观点:科学事业需要大学与产业界建立良好的合作伙伴关系,良好的合作伙伴关系是对双方都有利的共生关系,这是技术转移过程的关键要素,应在尊重各机构独立性的基础上鼓励大学和产业界合作伙伴关系。❶ 报告再次强调联邦政府在资助基础研究方面具有不可替代的作用,"联邦政府需要承担所资助的研究不一定能获得收益的风险,基础研究具有获得重大发现或意外发现的潜能,但是没有人能够确保这样的发现会发生,如果特定的研究结果能够提前预知,那么它本质上就不是基础研究"❷。报告也强调,应当鼓励基础研究的创新性和创造性,联邦政府应当在拨款时向特别有创新性、突破性的研究加以倾斜。

1998年同年,美国经济发展委员会出台的《美国的基础研究——通过发现实现繁荣》(*America's Basic Research: Prosperity Through Discovery*)政策报告,强调基础研究应成为未来联邦预算的重中之重,联邦基础研究基金最有效的接受者是美国的研究型大学,大学环境培养了科学家的独立精神和创造力,这是其他组织很难具备的,该报告对21世纪加强研究型大学基础研究事业、促进知识转化提出了几点要求:分配联邦基础研究资金的主要机制应基于同行评审确定的科学价值,并且通常应针对个人而不是机构;除了少数例外,政府不应该直接资助技术的开发和商业化;政策制定者有责任确保对大学和科研机构的拨款以科学价值为基

---

❶ Committee on Science. Unlocking our future: toward a new national science policy [R/OL]. (1998-09-01) [2024-05-03]. https://www.govinfo.gov/content/pkg/GPO-CPRT-105hprt105-b/pdf/GPO-CPRT-105hprt105-b.pdf.

❷ Committee on Science. Unlocking our future: toward a new national science policy [R/OL]. (1998-09-01) [2024-05-03]. https://www.govinfo.gov/content/pkg/GPO-CPRT-105hprt105-b/pdf/GPO-CPRT-105hprt105-b.pdf.

础,并在更大的国家需求和优先事项的背景下开展;产学研关系以及大学的专利和许可应以整个社会利益最大化为目标;大学的教育功能——培养未来的科学家,对基础研究的未来与研究功能本身同样重要。该报告有利于确保联邦政府对研究型大学基础研究充分有效的资助,在研究型大学基础研究与国家优先发展战略中寻找平衡。

进入 21 世纪,经济继续繁荣的同时也伴随着一种新的危机,这一时期的挑战是激烈的全球竞争。以研究为基础的创新成为美国在全球经济残酷竞争中的优势。美国凭借其先进的科研在一些新兴的高科技领域,如软件、生物技术、宽带和互联网方面具有领先地位,因此美国政府把"科技创新"推到了国家发展战略前所未有的高度,国家对研究进行投入成了应对经济竞争力挑战的主要手段,而大学作为科学的引领者担负起了主要责任。

2004 年美国国家科学技术委员会(National Science and Technology Concil,NSTC)在其《面向 21 世纪的科学》(*Science for the 21st Century*)报告中提出,美国对研发的投资以及由此产生的创新是国家繁荣的基础,基础研究、应用研究、技术开发和知识转化在国家利益层面存在相互依赖的关系,动态、灵活的伙伴关系是"创新体系"的重要支撑。因此,需要采取支持政策促进国家创新体系建设和经济增长:让广泛的利益相关者与联邦科研机构保持持续对话,使联邦项目能够支持广泛的社会利益;加强大学研究中心和区域研究中心建设,为这些中心提供知识产权保护;各州营造有利的创新环境和激励政策,促进地方层面政府-大学-产业界三者之间的伙伴关系;大力研究纳米技术、网络与信息技术、生物技术以及氢能、清洁煤等新能源技术,占领 21 世纪科技和经济的制高点。

为了进一步保持美国在国际创新中的竞争力,推动技术发展,小布什总统于 2007 年出台了《美国竞争力法案》(*America COMPETES Act of 2007*),法案要求进一步加强研究型大学与产业之间的研发合作和技术转化活动,强调围绕合作伙伴关系建立大学产业界合作研究中心项目的成本分担机制，通过激励政策提高产业界参与合作计划的积极性；该法案明确提出了美国国家创新战略，包括大幅增加研究经费，提高中小学数学、科学、技术和外语教学，强化主要研究机构的教育功能等。❶

2010 年，奥巴马政府通过了《美国竞争力再授权法案》（*America COMPETES Reauthorization Act of* 2010），该法案同样强调要促进基于联邦政府支持的大学科研成果的技术转化和向制造业的转移，还特别要求加强大型科研设施的管理规划与合作。美国国家科学基金会在规划大型设施的建设和管理时，需要与包括能源部科学办公室在内的其他联邦机构进行协调合作，以确保在实施时开展联合投资的可行性。在大型设施的设计、建造以及与其他机构进行合作方面，美国国家科学基金会需要保证听取来自美国国家科学院以及来自国家科学技术理事会召集的工作组的建议。对于可以进行多学科研究的设施，负责人应将多个研究部门纳入到规划过程中。

如今，新一轮科技革命的挑战给科学发展带来重要影响，从量子计算到人工智能再到数据革命，科学进步机遇与风险并存。美国试图在人工智能（AI）和量子计算等有望彻底改变世界的研究领域中发挥领导作用，加大了科学与工程研发关键领域的关注和投资，希望通过联邦政府持续的投资，提升美国在未来产业的领导地位，包括在人工智能、量子信息科学、5G/先进通信、合成生物学和先进制造研发等领域增加公共和私营部门的投资，而国家科学基金会在这些领域发挥关键作用❷。2021 年，美国参议院通过了《2021 年美国创新与竞争法案》（*United States Innovation and Competition Act of* 2021）。该法案强调对关键重点技术领域的研发支持，要求关键重点领域的研究和技术开发项目必须确保在竞争性

---

❶ The White House. Fact Sheet：America Competes Act of 2007 [EB/OL]. (2007 – 08 – 09) [2024 – 05 – 03]. https：//georgewbush – whitehouse. archives. gov/news/releases/2007/08/20070809 – 6. htm.

❷ National Science Foundation. 2019. Research & innovation：ensuring America's economic and strategic leadership [EB/OL]. (2020 – 10 – 22) [2024 – 05 – 08]. https：//www. nsf. gov/pubs/2020/nsbct102219/nsbct102219. pdf.

的基础上进行经费拨款，并且能够展示关键技术重点领域包括加速短期技术开发在内的革命性技术进步，联邦拨款要向能够推动关键技术领域的技术商业化和开发的机构倾斜。该法案列出了关键重点技术领域的初始清单，包括：人工智能、机器学习；高性能计算、半导体和先进计算机硬件和软件；量子信息科学与技术；机器人、自动化和先进制造；自然和人为灾害的预防或减轻；先进的通信技术和沉浸式技术；生物技术、医疗技术、基因组学和合成生物学；数据存储、数据管理、分布式账本技术和网络安全、生物识别技术；先进能源和工业效率技术，如电池和先进核技术；先进材料科学等。

二、20世纪80年代以来美国联邦政府的科技政策举措

为应对经济挑战，美国联邦政府除继续加强对大学的基础研究大力支持之外，还进一步加强对"应用性基础研究"的支持，并出台政策积极促进大学进行技术转化。

1. 加强对"应用性基础研究"的支持

20世纪90年代，美国经济开始获得长期稳定的增长，即进入所谓不过冷也不过热的、理想的"金发经济"时代，这主要得益于生物技术，互联网、信息和通信技术领域的扩张，这些产业都直接依赖于国家的科技资源包括大学科研，人们开始将基础研究与经济增长联系起来。美国科学委员会提出："由于科学事业是国家经济的关键驱动力，对基础科学研究的投资是长期经济的当务之急，为了保持国家的经济实力和国家竞争力，国会应该把投入稳定而充足的联邦经费用于基础科学研究作为重中之重。"❶

---

❶ Committee on Science. Unlocking our future：toward a new national science policy ［R/OL］. (1998 – 09 – 01) ［2024 – 05 – 03］. https：//www. govinfo. gov/content/pkg/GPO – CPRT – 105hprt105 – b/pdf/GPO – CPRT – 105hprt105 – b. pdf.

（1）加强对生物技术的支持

生物技术是典型的"以研究为基础的技术"，是能够通过将科学发现转化为实际创新的基础研究领域，庞大的生物医学产业将公共科学视为开发未来产品的贡献者。美国是生物技术发展较早的国家，政府、产业界和学术界都非常重视生物技术，一直把生物技术放在保障国家卫生健康、提高国家竞争力、创造就业机会以及改进环境质量等方面的战略地位考虑。20世纪80年代末到90年代初，美国政府各部门将生物技术列入关键技术清单。1993年6月克林顿政府时期，美国联邦科学、工程与技术协调委员会生命科学与卫生委员会公布题为《21世纪的生物技术：实现我们的承诺》（Biotechnology for the 21st Century：Realizing the Promise）的报告，报告提出实行生物技术战略计划（biotechnology strategic initiative）。该报告预测，到2000年，生物技术将产生500亿美元的商业收入，为了防止美国的生物技术未来落后于日本，政府要加强生物技术领域的战略行动和研究投入，要拓展生物技术未来发展的科学技术基础，保障生物技术的人力资本发展基础，加强生物技术研究的技术转让和商业化应用，实现生物技术为所有人的健康、幸福以及环境保护作出贡献。❶ 1993财年，美国联邦政府对生物技术研究的投入为4.26亿美元；1994财年，该投入有所增加，为4.30亿美元。❷ 1995年12月，美国国家科学技术委员会《21世纪的生物技术：新的方向》（Biotechnology for the 21st Century：New Horizons）报告认为，美国的1200家生物技术公司每年为国家创造110亿美元的经济贡献，生物技术研究进入了"第二次浪潮"。美国要保持在生物技术方面的研究和商业化的领导地位，就需要认识到生物技术带来的巨大经济和社会价值，因此，联邦政府要在以下四大领域中加强

---

❶ CCSET Committee on Life Sciences and Health. Biotechnology for the 21st century：realizing the promise［EB/OL］.（1993 – 10 – 01）［2024 – 05 – 20］. https：//books. google. co. uk/books? id = 3BnRRBbiBrQC&printsec = frontcover&redir_esc = y#v = onepage&q&f = false.

❷ Office of Science and Technology Policy. Biotechnology for the 21st century：new horizons［EB/OL］.（1995 – 07 – 15）［2024 – 05 – 01］. https：//books. google. co. uk/books? id = P7s – DQa7kjgC&pg = PA1&source = gbs_toc_r&cad = 2#v = onepage&q&f = false.

研究投入：①农业生物技术；②环境生物技术；③制造工艺、生物加工，包括能源研究；④海洋生物技术及水产养殖。❶ 此外，还要拓宽生物技术的研究和应用范围、增强现代生物技术工具的应用、加强和提高生物技术相关基础设施和人力资本建设。1998年美国国会决议将国家卫生研究院的预算提高一倍，从1998年的110亿美元提高到了2003年的220亿美元。❷

（2）实施国家纳米技术计划

2000年1月21日，美国总统克林顿在加州理工学院宣布将启动美国国家纳米技术计划（National Nanotechnology Initiative）。国家纳米技术计划需要发挥政府的主导作用、大幅增加投资、扩充有限领域、加强协调、推进部门间的合作来实施。在正式实施国家纳米技术计划的2001年，联邦政府计划对纳米技术的经费投入为4.64亿美元。2024年，联邦预算对国家纳米技术行动经费投入为21.6亿美元，从2001年开始至今累计投入430亿美元。❸该计划有五大目标：一是支持基础研究。对研究人员个人和研究小组的基础性和创新性的研究工作提供持续的支持，促进大学－产业界－联邦实验室以及各部门之间的伙伴关系。二是资助交叉学科的研究和教育。三是加强优秀研究中心和网络建设。四是科研基础设施建设。鼓励大学和政府实验室的伙伴关系、国际合作以及知识和技术从大学向产业界的转化。五是加强劳动力教育与培训。在纳米技术领域为学生提供奖学金和促进课程发展，运用新的教学工具改变教学范式。❹ 国家纳米技术计划是一个由多个联邦部门和机构共同实施的计划，对该计划资助

---

❶ Office of Science and Technology Policy. Biotehnology for the 21st century：new horizons [EB/OL]．（1995 - 07 - 15）[2024 - 05 - 01]．https：//books. google. co. uk/books? id = P7s - DQa7kjgC&pg = PA1&source = gbs_toc_r&cad = 2#v = onepage&q&f = false.

❷ GEIGER R L, SÁ C M. Tapping the riches of science：universities and the promise of economic growth [M]．Massachusetts：Harvard University Press, 2008：25 - 26.

❸ National Nanotechnology Initiative. NNI supplement to the President's 2024 budget [EB/OL]．（2024 - 03 - 05）[2024 - 08 - 10]．https：//www. nano. gov/2024BudgetSupplement.

❹ National Science and Technology Council. National nanotechnology initiative：leading to the next industrial revolution [EB/OL]．（2000 - 01 - 21）[2024 - 05 - 10]．https：//clintonwhitehouse4. archives. gov/WH/New/html/20000121_4. html.

力度最大的联邦机构包括能源部、国家卫生研究院、国家科学基金会、国防部、国家标准和技术研究院。

2. 通过立法促进技术成果转化

自1887年《哈奇法案》(*The Hatch Act*)规定建立农业试验站开始，美国大学就开始从事某些技术转让的活动，20世纪20年代，很多大学开展工程实验室为产业界进行大范围试验。除此之外，"二战"后还出现了三种新的技术转让方式。❶ 第一种方式在大学和国防建设之间进行。"二战"后，学术界的科学家们在科研上获得了资助，在重点领域内的专业技能不断发展，为军方提供创新技术和产品，这些工作是通过官方命令而不是市场关系得以实现的，研究机构均是规模很大的应用型科研实验室，很多至今依然存在。尽管资助机构、大学的科学家以及公司之间的关系日益密切并且促进了最终产品的生产，但是市场在协调大学角色方面基本起不到任何作用。第二种方式来自医学研究，主要通过建立国家卫生研究院。联邦政府依然是最大的主顾，其根本目的是通过对基础的生物医学研究进行大量投资以促进疾病治疗和人类健康。如今，国家卫生研究院包括27个研究所和研究中心，其83%的经费投到了3000所大学、医学院、研究所的30万名研究人员，在过去一个世纪之中，共有174名诺贝尔奖获得者曾接受过国家卫生研究院的资助。❷ 1980年以前，这种技术转让方式是没有市场参与的。第三种方式是民用技术转让，民用技术转让使大学自1980年以来进入市场领域。技术转让这一总体目标并未改变，只是环境发生了变化。大学积极地将研究服务销售至产业界，对知识产权进行营销，建立新型公司，有时候也利用它们自身的风险投资，大学已经广泛参与到刺激当地经济发展的活动之中。❸ 1980年开始发

---

❶ GEIGER R L. The quest for "economic relevance" by US research universities [J]. Higher Education Policy, 2006, 19 (4): 411-431.

❷ National Institutes of Health. About the NIH almanac [EB/OL]. (2024-03-05) [2024-05-10]. https://www.nih.gov/about-nih/what-we-do/nih-almanac/about-nih-almanac.

❸ GEIGER R L. The quest for "economic relevance" by US research universities [J]. Higher Education Policy, 2006, 19 (4): 411-431.

生的市场参与的转变来自当时美国经济停滞的大背景,以及经济竞争要求将科研运用于产业界之中这一要求。于是诸多政策出台,旨在将产业界与大学科研联系起来促进技术转让。❶

20世纪七八十年代,日本的经济增长和制造业在商业上的成功使美国开始担心其经济竞争力,人们开始争论政府在经济发展中的作用,尤其是联邦政府科学投入的价值以及向私人领域进行技术转化的必要性,政府资助的科学研究所获得的专利和其他知识产权成为争论的焦点,大家达成共识:政府、产业界和大学之间的伙伴关系能够最有效地促进技术转化。❷ 而在这三方中,将专利权给予大学既能够促进技术转化又能够符合公共利益,由此带来了专利法的转变。自20世纪80年代到90年代初,美国国会制定了一系列鼓励联邦机构、大学和产业界之间合作以及促进技术转移的法案,包括1980年的《史蒂文森－怀德勒技术创新法案》(Stevenson – Wydler Technology Innovation Act of 1980)、《大学和小企业专利程序法案》(University and Small Business Patent Procedures Act of 1980)又称《拜杜法案》(Bayh – Dole Act),1984年的《商标澄清法》(Trademark Clarification Act of 1984),1986年的《联邦技术转让法案》(Federal Technology Transfer Act of 1986),1989年的《国家竞争力技术转让法》(National Competitive Technology Transfer Act of 1989),1995年的《国家技术转让与促进法》(National Technology Transfer and Advancement Act of 1995)等。

1980年12月,斯坦利·科恩(Stanley Cohen)和赫伯特·博耶(Herbert Boyer)重组DNA方法第一项专利授予给了斯坦福大学和加利福尼亚大学。几周之后,吉米·卡特总统签署了《大学和小企业专利程序法案》,即《拜杜法案》。在联邦出台的一系列法案之中,1980年通过的《拜杜法案》对于大学来说最为重要,它确立了将联邦政府资助科研成果

---

❶ GEIGER R L. The quest for "economic relevance" by US research universities [J]. Higher Education Policy, 2006, 19 (4): 411 – 431.

❷ STEIN D G. Buying in or selling out? The commercialization of the American research university [M]. Piscataway: Rutgers University Press, 2004: 51.

所有权归大学所有的统一的专利政策,是美国技术转让发展史上的里程碑,为联邦机构资助小企业及非营利机构(包括大学)的研究建立了统一的专利政策。《拜杜法案》规定大学和非营利组织保留联邦政府所资助的科研成果的专利权,对于大学而言,获得发明的所有权并通过许可活动促进这些发明的商业开发成为学术机构的行为惯例。

在《拜杜法案》出台以前,美国政府机构对那些全部或部分通过联邦基金资助形成的发明拥有所有权。1980年以前,政府拥有3万项专利,但通过专利技术许可而用于生产的数量仅占5%。[1] 这是因为大学发明被认为处于"概念验证阶段",在具有商业的有用性之前需要进行大量投入,如果没有相关知识产权的清晰界定,企业将不会投资于这些昂贵的开发活动,这就要求大学授予专利的所有权和专有许可。[2] 除了为联邦资助的研究提供统一的专利政策之外,《拜杜法案》还有一个目的,就是尽可能确保公共经费所资助的发明成果能够通过技术的商业化来提高公共福利,从而为公共卫生、政府职能、创造就业、国际竞争、经济发展及其他公共事业作出贡献。通过建立统一的专利政策,则有利于降低技术转化的成本,刺激公司获得许可权的积极性。

除了让大学保持对发明的产权之外,《拜杜法案》还包括一系列的限制性条款,包括:第一,法案规定大学应将技术许可权优先发放给在国内进行开发和制造的小企业和公司;第二,政府保留对发明的免费使用权;第三,在该发明开发和商业化失败的情况下,允许联邦资助机构的介入,取消受资助的大学或机构的专利所有权;第四,转让费必须有一部分分给发明者本人,其余收益要用于教育和科研开发上。一旦选择持有所有权,大学须在规定时间内为其选择持有的发明申请专利。如果大

---

[1] National Research Council of the National Academies. Managing university intellectual property in the public interest [M]. Washington, D. C.: National Academies Press, 2011: 16.

[2] 大卫·古斯通. 塑造科学与技术政策:新生代的研究 [M]. 李正风, 等译. 北京:北京大学出版社, 2011: 52.

学放弃所有权,该项成果的所有权仍属政府。[1] 为了公平地分配收入,通常专利收入有 1/3 给发明人,1/3 给发明人所在部门或研究单位,1/3 给大学。[2] 此外,《拜杜法案》仅适用于联邦政府所资助的研究成果,不包括州政府、地方政府、慈善机构、营利机构以及大学本身所资助的研究。

20 世纪五六十年代,大学每年只获得 100 项专利所有权;到 1972 年超过 200 项;1975 年达到 300 项;而到 1980 年《拜杜法案》出台的当年,美国大学获得了 400 项专利的所有权,15 年里翻了四倍。[3]《拜杜法案》的出台离不开以下条件:第一,随着研究经费的增加,大学产生了更多发明,即使专利申请率保持不变,学术研究事业的增长也会导致专利数量显著增加;第二,大学专利活动得到了一些群体的支持,研究公司自 20 世纪 60 年代开始就推动大学参与专利申请,几年后,一部分政府雇员开始致力于简化联邦资助研究的专利申请流程;第三,20 世纪 70 年代中期,大学专利管理人员逐步建立起一个专业网络,开始对外公布大学发明的信息并为大学专利工作提供专业支持。[4]《拜杜法案》的出台更加直接地加强了知识产权保护,鼓励大学进行专利活动,一些主要的研究型大学均创设了自己的专利和许可办公室,到 1990 年,几乎所有的研究型大学都普遍接受了向产业界进行技术转化的做法;1969 年到 1980 年,美国大学专利授权数年均增长了 7.3%;而 1981—1999 年,年均增长达到了 12.7%。[5] 但是,不同的大学对技术转化的态度和做法不一,一些在 1980 年以前就已经进行技术转化的大学如斯坦福大学和麻省理工学

---

[1] National Research Council of the National Academies. Managing university intellectual property in the public interest [M]. Washington, D. C.: National Academies Press, 2011: 17.

[2] 亨利·埃兹科维茨. 三螺旋:大学·产业·政府三元一体的创新战略 [M]. 周春彦, 译. 北京:东方出版社, 2005: 42.

[3] BERMAN E P. Creating the market university: how academic science became an economic engine [M]. Princeton: Princeton University Press, 2012: 100 – 101.

[4] BERMAN E P. Creating the market university: how academic science became an economic engine [M]. Princeton: Princeton University Press, 2012: 100.

[5] BERMAN E P. Creating the market university: how academic science became an economic engine [M]. Princeton: Princeton University Press, 2012: 111.

院继续以往的活动，另一些大学将与产业界的联系视为提升其自身研究能力的一种方式，还有一些大学认为技术转化仅适用于工程中心或医学院。

3. 通过政府资助加强大学-产业界合作

为了缩小基础研究与产业创新之间的差距，1978年国家科学基金会启动了大学产业界合作研究中心计划。1983年，又启动了工程研究中心计划，提供进一步支持。到20世纪80年代末，国家科学基金会向大学产业界合作研究中心总投资超过1亿美元。❶ 这些计划的目的非常明确，就是通过政府的政策导向，使大学学术研究的资源充分应用到工业产品的创新上，帮助产业界开发研究下一代关键性技术，保持美国在世界上的经济强国的地位。

（1）支持建立大学-产业界研究中心

大学-产业界研究中心是一个有组织的研究单位，致力于研究大学和产业界共同感兴趣的问题，在经费上至少有一部分来自产业界的支持，这些研究中心最初在美国的发展可以追溯到20世纪初，当时少数赠地学院成立了工程推广办公室（Engineering Extension Offices），"二战"后一些大学与产业界合作计划继续开展，这奠定了大学-产业界研究中心的基础。

20世纪70年代，一些大学产业界研究中心由以工程为导向的卡内基梅隆大学、加州理工学院、伦斯勒理工学院（Rensselaer Polytechnic Institute，RPI）和特拉华大学等大学发起成立，美国国家科学基金会为了探索促进技术创新的激励机制也通过一些小型计划建立了三个大学产业界研究中心，其中有的努力取得了成功，但是总的来说，这些中心面临的共同问题都是大学和产业界由于目标、奖励制度和文化的不同而难以实现

---

❶ BERMAN E P. Creating the market university: how academic science became an economic engine [M]. Princeton: Princeton University Press, 2012: 15.

共同的合作，难以体现大学产业界合作伙伴关系的价值。❶ 1978 年，在政府提出的通过技术创新促进经济发展的要求下，为了应对新一轮创新浪潮，国家科学基金会将三个实验中心最为成功的一个作为新的大学－产业界合作中心项目的典型模式开始进行推广，到 1983 年，一系列大大小小的大学－产业界合作中心得到建立。联邦政府的大量经费资助开始涌入大学－产业界研究中心，创造了促进大学－产业界合作的良好资源环境。在政府的补贴下，大学－产业界研究中心迅速发展，20 世纪 70 年代，只是出现了少数这样的研究中心；而到了 1990 年，大学－产业界研究中心达到了 1000 个左右。❷

（2）支持建立工程研究中心

1985 年成立的工程研究中心正是为了应对来自日本的经济挑战而建立的，它促进了大学科研、教育以及产业创新之间的联结。❸工程研究中心获得了长达 11 年的经费支持来开展各种大规模的研究和教育项目，主要目标是通过建立起大学研究者和产业合作者形成的跨学科团队来提高工程体系的活力。❹ 国家科学基金会还将工程研究中心的模式推广到新的项目之中，促进大学与产业界进行合作，在"以科学为基础的技术"方面进行大型的跨学科研究。1987 年开展的科学技术中心、1994 年开展的材料研究科学和工程中心以及 2001 年开展的纳米科学与工程中心均需要与产业界进行合作。到 2006 年，这些项目一共形成了 81 个研究中心，带来了 2.16 亿美元的经费。❺ 这些中心打破了传统学科之间的边界，促进

---

❶ BERMAN E P. Creating the market university：how academic science became an economic engine［M］. Princeton：Princeton University Press，2012：122.

❷ BERMAN E P. Creating the market university：how academic science became an economic engine［M］. Princeton：Princeton University Press，2012：134.

❸ PONOMARIOV B L，BOARDMAN P C. Influencing scientists' collaboration and productivity patterns through new institutions：university research centers and scientific and technical human capital［J］. Research Policy，2010，39：613－624.

❹ GEIGER R L，SÁ C M. Tapping the riches of science：universities and the promise of economic growth［M］. Cambridge：Harvard University Press，2008：74.

❺ GEIGER R L，SÁ C M. Tapping the riches of science：universities and the promise of economic growth［M］. Cambridge：Harvard University Press，2008：75.

了大学研究和教育活动的多样化，所有的研究项目都日益重视用不同的方法培养新科学家，允许他们具备多学科视角或与产业界的研究者多进行交流。

（3）支持建立大学技术中心

《2021年美国创新与竞争法案》提出实施"大学技术中心计划"，通过竞争性选拔程序向符合条件的实体机构提供资金创建大学技术中心，技术中心要开展跨学科的、协作性的基础和应用研究，并且至少与一个关键重点技术领域相关。大学技术中心计划要充分利用多学科专家和多部门的伙伴关系，包括与私营产业部门开展合作；要在关键重点技术领域进一步加强创新布局和发明的商业化，促进源于大学技术转化中心发明成果的商业化；支持大学技术中心区域内科学、创新、创业和教育的发展。在选拔程序上，申请者的选拔必须最大限度地提高大学技术中心的区域和地理多样性，包括考虑服务农村地区的高等院校；要扩大科学、技术、工程和数学（STEM）领域申请者的参与；申请者要有能力与产业界、劳工组织以及其他相关组织进行合作，要能够为美国国内制造业的增长和就业作出贡献。《2021年美国创新与竞争法案》规定的产业和组织要能够采取措施防止对中心的科学和技术（包括科研结果、科研数据和知识产权）的不适当使用；要有利于支持概念验证的开发、技术原型设计、技术转化和商业化活动；在实施要求上，计划的负责人要确保获得资助机构的资格，该机构要有能力推动《2021年美国创新与竞争法案》目标的实现，来自产业界或其他非联邦机构的经费应当不少于总体资助经费的10%。在大学-产业界联合体的资格方面，《2021年美国创新与竞争法案》要求，联合体必须由不少于该法案规定符合规定的机构中的2个实体机构组成，并且联合体各成员要签署具有约束力的协议。此外，大学技术中心还需要对区域技术中心提供支持，每一个大学技术中心都要能够支持和参与到根据《史蒂文森-怀德勒技术创新法案》所规定的区域技术中心的活动之中。

第三节 20世纪80年代以来美国州政府的科技政策

200多年来，美国州政府一直是美国高等教育的供给者、资助者和监管者。美国地方政府把研究型大学视为国家和地区创新体系中的重要组成部分，称为经济发展的原动力。研究型大学通过向企业提供生产新产品的技术和创新支持、创办新企业、创造就业机会等形式为地区经济和国家经济的发展作出贡献。研究型大学建设也开始与地区经济发展结合起来，比如，硅谷的发展离不开斯坦福大学和加州大学伯克利分校，波士顿128公路沿线的经济崛起归功于麻省理工学院和哈佛大学。硅谷的成功使人相信，高科技产业的聚集会产生经济效益的"溢出"，使当地企业受益。创新观念的传播和实践，能够创造出更多的社会资本和智力资本，能让创业公司在此良好的环境中快速成长。20世纪80年代以来，随着"应用性基础研究"的兴起，每个州都推行了一些举措来刺激以技术为基础的经济发展，大学也都对这些举措作出积极回应，成为经济增长的贡献者。

一、州政府科技政策

将州政府、产业界、学院、大学和社区学院结合在一起的州级合作伙伴关系极大地刺激着区域的经济发展和科学研究。与联邦政府相比，州政府在协助新技术的商业开发方面具有更大的优势，因为它们更能够帮助新技术实现商业化，更加靠近实际采用新技术的公司，它们与区域内的大学系统有着更为亲密的联系。

联邦政府和州政府都非常强调研究的成效，联邦政府相较于州政府更加看重长远成效，州政府采用"基于技术的经济发展"（tech–based economic development，TBED）模式。❶ 联邦政府更多地采用"上游策略"，而州政府则更多地采用"下游策略"。上游政策主要是对高校基础研究的基础设施进行支持，包括招聘著名教师、建设现代化的研究设施；下游政策则主要指将高校已有的研究能力最大化，并为其提供新的合作伙伴，从而将新技术开发为可推向市场的创新产品。上游政策具有长远眼光，带来更加巨大的经济效益；下游政策着眼于短期，带来更加具体的、更加适用于本地区的经济效益。上游政策更加看重研究型大学对国家竞争力的长远贡献，下游政策则用于满足州政府官员所关注的近期效益。❷ 上游策略对大学最为有利，能够提高大学在教师、科研和研究生教育方面的质量；下游策略并不直接有利于大学，主要体现在对衍生企业提供协助，或对地方政府设立的经济发展机构提供支持。❸

采取"下游策略"的如佐治亚州，该州在新型技术创新政策方面处于引领地位。佐治亚州于20世纪90年代建立了佐治亚研究联盟（Georgia Research Alliance），这是一个代表大学和产业界的非营利私有集团，致力于争取更多的私人资金和州政府拨款来为佐治亚州的大学在战略性研究领域中创设更多特别教职，这些投资在20世纪90年代达到3亿多美元。佐治亚电子设计中心项目则致力于通过在大学中建立与产业界紧密联系使佐治亚州成为宽带通信领域中的领导者。❹ 20世纪90年代以来，佐治亚理工学院从一所地区性技术大学发展成美国顶尖的工程学院之一，其动力之一来自技术转让，该校将以前对应用研究的关注转变为以科学为基础的技术的关注。❺

---

❶ GEIGER R L, SÁ C M. Beyond technology transfer: US state policies to harness university research for economic development [J]. Minerva, 2005, 43（1）: 1-21.
❷ GEIGER R L. The quest for "economic relevance" by US research universities [J]. Higher Education Policy, 2006, 19（4）: 411-431.
❸ GEIGER R L, SÁ C M. Tapping the riches of science: universities and the promise of economic growth [M]. Cambridge: Harvard University Press, 2008: 79.
❹ GEIGER R L. The quest for "economic relevance" by US research universities [J]. Higher Education Policy, 2006, 19（4）: 411-431.
❺ GEIGER R L. American higher education since world war II: a history [M]. Princeton: Princeton University Press, 2019: 358.

也有几个州采用"上游政策"刺激技术创新。加利福尼亚州在 2000 年实施了一项旨在发挥加州大学研究能力的重要计划。加利福尼亚科学和创新研究院(California Institute for Science and Innovation)就是致力于促进在电子和计算机科学、生物科学和纳米技术方面产生知识的溢出效应。加利福尼亚州政府承诺每年对 4 个研究院共投入 3 亿美元,为期 4 年,同时要求政府资金和其他来源的资金之间的比例为 2∶1,每个研究院都建立在与产业界以及加州大学的合作基础之上。❶ 2004 年,加州政府又宣布通过发行 30 亿债券的方式支持干细胞研究。❷ 2000 年,纽约州科学、技术和学术研究办公室(NYSTAR)成立,目标是通过大学研究和吸引科研经费流入本州来刺激经济发展。该办公室追求激进的"上游策略",通过改进科研设施和吸引顶尖教师来打造高水平的学术质量,其投资主要关注以研究为基础的技术开发和转让方面,在生物技术、纳米技术、光子学、信息系统以及先进材料等方面支持公、私立大学的 36 个研究中心。纽约州表示自 1995 年开始已经在这些项目上投入了 10 亿多美元,并自 2002 年开始加大了投入力度。❸

二、州政府科技政策的具体举措

区域经济发展的成功经验表明,要实现基于技术的经济发展,就必须具备智力基础、知识溢出、物质性基础、熟练劳动力和资金。除此之外,创业文化和对高质量生活的追求是促进技术基础经济发展的无形要素。为了促进技术基础的经济发展,各州的科技政策有所差异,20 世纪 80 年代以来的州政府科技政策主要包含以下一些共同举措:①支持技术

---

❶ GEIGER R L. The quest for "economic relevance" by US research universities [J]. Higher Education Policy, 2006, 19 (4): 411-431.
❷ 刘凡丰,董金华. 知识经济时代州政府科技政策 [J]. 科学学与科学技术管理, 2008 (12): 33-37.
❸ GEIGER R L. The quest for "economic relevance" by US research universities [J]. Higher Education Policy, 2006, 19 (4): 411-431.

发展使大学科研为地区产业赋能；②向大学与企业联合研究中心提供资助；③设立各种项目帮助小企业获取和吸收大学科研成果。这些举措在20世纪80年代末达到顶峰，而后由于看不到有形的经济效益失去了政治支持。自20世纪90年代末以来，美国各州政府都在"知识经济"框架下探讨本州的发展经验以及优劣势，州政府科技政策再次复兴，除保留以往的政策以外，还强调了一些新的政策：第一，重点支持创造高新技术和发展高科技产业；第二，支持建设产业和学术"集聚中心"；第三，支持高技术创业公司。❶ 为了积极促进大学－产业界的技术转化和大学－产业界伙伴关系，各州还采取了以下几个方面的具体举措：

1. 支持大学－产业界研究合作项目

对本州企业和大学研究者的合作项目进行支持。州政府的拨款与产业界的资金投入相互配合，一些研究项目也对基础研究进行支持，产业界的直接参与很少。该政策是为了能够使该研究成果的商业化在本州之内进行。这些项目必须具有足够的吸引力，这样才能使大学研究者对产业界资助的研究项目像联邦机构所资助的研究项目一样重视。州政府所支持的合作项目通常是定位于某些具体的行业和技术，这将有利于研究成果的技术转化和大学教师对产业界的需求进行及时回应。自美国国家科学基金会创建了大学－产业界研究中心模式后，州政府也开始创建大学－产业界研究中心刺激区域产业创新和经济发展，加利福尼亚州、北卡罗来纳州、宾夕法尼亚州和亚利桑那州是此类项目的早期发起者之一，到1984年，已有33个州支持建立了大学－产业界研究中心，包括亚利桑那州、加利福尼亚州、北卡罗来纳州和宾夕法尼亚州都开展了数百万美元的经济发展刺激计划。❷ 1999年，密歇根州政府启动了"生命科学走廊"计划，在未来20年内拨款10亿美元推动密歇根州的生物技术产业

---

❶ GEIGER R L, SÁ C M. Beyond technology transfer: US state policies to harness university research for economic development [J]. Minerva, 2005, 43 (1): 1-21.

❷ GEIGER R L. American higher education since world war II: a history [M]. Princeton: Princeton University Press, 2019: 274.

发展，促进公共部门与私营部门之间的互动。该计划涵盖密歇根州三所主要研究型大学，大学内聚集了帕克-戴维斯和普强等大型制药公司、家乐氏等食品科学公司，以及一些大型的大学医疗中心❶。俄亥俄州政府以俄亥俄州立大学为中心，建立多学科、产业联合的 Pelotonia 研究中心，于 2023 年落成❷。

2. 加强学术界与产业界的接触

促进学术界与产业界之间的接触能够促进技术伙伴关系，最常见的例子就是将科技园建在大学的周围，使大学的实验室以及一些企业都聚集一处。一些传统的科技园促进了大学-产业界非正式的伙伴关系，而在一些新建的科技园中，通常将大学的一些单位同企业的单位混合在一座大楼之中。例如，北卡罗来纳州立大学的科技园中每座大楼都代表着不同的技术领域，都有来自大学和产业界的单位。这就创造了大学和产业界人士在非正式场合进行接触和交流的机会。❸

3. 促进私人领域对新技术的投入

很多大学技术在许可给小企业时由于缺乏足够的资金支持而无法成功进行商业化，因此，对新技术进行资金投入对于大学-产业界技术转化至关重要。一些州与私人领域的投资者共同提供种子资金吸引风险投资来加大对新技术企业的投入。北卡罗来纳州立大学就与北卡罗来纳技术开发机构共同合作建立了一个 1000 万美元的种子风险基金，以促进大学技术的商业化。❹

---

❶ AGRAWAL A. Michigan spends ＄1 billion on "life sciences corridor" ［EB/OL］. （1999-10-01）［2024-11-01］. https：//www.nature.com/articles/nbt1099_947.

❷ The Ohio State University. Time and change：building the future ［EB/OL］. （2023-08-10）［2024-11-01］. https：//buildingthefuture.osu.edu/projects/interdisciplinary-research-facility.

❸ National Governor's Association. Building state economies by promoting university-industry technology transfer ［R/OL］. （2000-09-13）［2024-05-01］. https：//ssti.org/blog/building-states-economies-promoting-university-industry-technology-transfer.

❹ National Governor's Association. Building state economies by promoting university-industry technology transfer ［R/OL］. （2000-09-13）［2024-05-01］. https：//ssti.org/blog/building-states-economies-promoting-university-industry-technology-transfer.

4. 消除大学－产业界技术转化的法律障碍

20 世纪 80 年代，在密西西比州，州立研究型大学很少从事技术转化活动，州政府不鼓励大学从事具有潜在利益冲突的活动，禁止教师从对大学技术进行商业化的企业中获得商业利益，也禁止州立大学获得衍生企业的股权。1988 年，该州推行了《密西西比州大学研究中心法》（*The University Research Center Act of* 1988），将与大学有关的利益冲突情况置于中介组织——密西西比州研究机构的监督之下，该组织对每项案例进行审查并有权力批准教师和企业之间的合作关系。在此法案下，大学也有权获得以教师发明为基础所建立起来的衍生企业的股权。❶

三、州政府支持大学科技政策的特点

美国学者罗杰·盖格认为，州级政府在资助研发项目时，面临着两大困境：第一，学术研究的结果往往不确定；第二，本州能否真正获取科研成果的经济效益基本上都是未知的。于是，各州的科技政策主要侧重于支持能促进当地企业特别是小企业发展的大学科研。小企业成为关注的重点，这既有经济上的考虑，也有政治因素。然而，大部分小公司或者缺乏内部的研究能力，或者是仅重视产品开发层面，并且缺乏解决自身技术问题的能力。为此，州政府出台了"技术开发项目""技术支持项目"等政策来弥补小企业的这些劣势。"技术开发项目"如宾夕法尼亚州的本富兰克林项目，资助小企业委托当地大学进行科研项目，"技术支持项目"则主要帮助小企业解决技术问题。❷ 由于政治等因素，州政府的科研资助经费倾向于流向公立大学，处于本州旗舰地位的公立大学承担起越来越重要的科研任务，其学术地位也相应地得到上升，在国家（区

---

❶ National Governor's Association. Building state economies by promoting university – industry technology transfer［R/OL］.（2000 – 09 – 13）［2024 – 05 – 01］. https：//ssti.org/blog/building – states – economies – promoting – university – industry – technology – transfer.

❷ GEIGER R L, SÁ C M. Beyond technology transfer：US state policies to harness university research for economic development［J］. Minerva, 2005, 43（1）：1 – 21.

域）创新系统中扮演重要角色。它们与州政府、产业界积极地互动，促进当地经济发展，并提升学校的科研竞争力。[1]

20世纪80年代以前，以万尼瓦尔·布什的《科学——没有止境的前沿》为标志，美国科技政策表现出的是一种由"基础研究到技术创新"的"线性技术转移"模式，确立了"基础科学与应用科学相分离""基础科学是技术创新的源泉"的基本观念。而20世纪80年代以来，美国科技政策进一步强调通过加强产业、政府、大学之间的伙伴关系促进研究型大学技术转移，将研究型大学基础科学研究与产业技术创新整合在一起。其根本思想是基础研究与应用研究并非排斥，基础研究既具有学术性也具有应用性，即强调处于"巴斯德象限"的"应用性基础研究"模式。新经济的成功改变了商业运作方式和经济增长方式，更加强调对创新知识的追求、发展和整合，大学作为科研创新的引领者应与企业共同合作推动知识的发展。

---

[1] 刘凡丰，董金华. 知识经济时代州政府科技政策［J］. 科学学与科学技术管理，2008（12）：33-37.

第二章

美国研究型大学科研职能变化和经费投入

以技术创新支撑的知识经济时代,大学不仅要生产知识还要通过建立大学与产业界之间的新型关系来促进技术转化和产业创新,这既是国家创新体系的核心内容,也是变革科学知识生产方式的重要力量,大学的教学和知识生产的传统功能正在与其促进经济社会发展的新功能相协调。由于大学科研职能的增加以及对经济发展的重要贡献,对大学研发的经费投入自20世纪80年代以来也显著增加。

第一节　美国研究型大学科研职能变化

随着以技术为基础的经济模式的到来,研究型大学成为知识创新的核心力量,研究型大学的科研职能也开始发生变化,以适应快速发展的技术依赖型经济带来的挑战。大学已不再只是进行教学与科研的"象牙塔",而是促进知识流动和将知识转化为技术创新的源泉,大学通过技术转移实现技术的市场价值,服务于社会,使之成为整个社会的财富。❶ 想要履行好促进技术转化和经济发展的新职能,大学就必须设立新的组织机构,协调核心学术活动的教师和学生与来自外部的知识消费者之间的关系。随着研究型大学需要承担的职能越来越多,德里克·博克(Derek Bok)将其称为一个"过度扩充的"机构。❷

一、研究型大学科研职能的演变

研究型大学的理念发源于威廉·冯·洪堡(Wilhelm von Homboldts)。在洪堡理想的"纯科学"模式下,大学的目的是通过纯粹的知识去培养心智自由的高级人才,教学和科研的统一是培养"纯粹心智"的重要途径,大学只是出于人的好奇心而不是功利的角度去培养人和开展研究。就科学研究而言,大学进行纯粹的基础研究,没有明确的实用目的。然而,美国作为一个以实用主义哲学为导向的国家,并没有完全去继承洪堡理想,而是以实用主义的思想来对待大学的学术研究,美国人的观念是研究的成果要为社会服务,这为应用研究进入大学开辟了道路。三大主要动因决定了美国大学在研究和人才培养方面的实用导向:第一,1862 年的赠地运动使一系列的工程学科和实用学科作为学术训练和研究的一部分在美国大学中发展起来,将与产业相关的学科设置在大学之中,这为大学-产业界的联系提供了制度基础。第二,"二战"后,联邦政府对学术研究的经费支持迅速增长,以同行评议为基础的联邦研发项目的创立使大量研发经费流入研究型大学,这带来了大学研究能力的分层,同时,大学研究也从为满足地方产业需求服务转向为国防和健康议程服务。在此期间,学术研究和产业发展之间的分工得到确立,大学研究负责基础科学,美国研究型大学成为美国国家创新体系的一部分,成为基础研究的提供者。第三,20 世纪 70 年代,随着全球竞争的出现,对竞争

---

❶ 武学超. 美国研究型大学技术转移政策研究[D]. 重庆:西南大学,2009:2.
❷ GEIGER R L. The commercialization of the university[J]. American Journal of Education,2004,110(4):389-399.

和效能的强调使大学变得更加市场导向化。

　　1862年以《莫雷尔法案》为基础的美国赠地学院的建立要求知识为当地经济和社会发展服务，开辟了应用情境下的知识生产。1861年麻省理工学院的创立体现了研究型大学"纯科学型"模式和赠地学院"技术型"模式的结合，它以科学为基础但同时又为所在地区的经济发展服务。❶ 其创始人威廉·巴顿·罗杰斯（William Barton Rogers）希望通过一种全新的、与企业相联系的、"以科学为基础的技术"的大学的概念来创办该学院，罗杰斯认为：应用科学和高等教育的其他形式有同样的价值。❷ 1865年，康奈尔大学以一种崭新的姿态出现在世界大学舞台，其创办宗旨是创办一所任何人在任何学科都能获得教学的机构。康奈尔大学课程计划强调通用性，体现了一种自由、实用的办学思想和精神。美国当代高等教育思想家克拉克·克尔（Clark Kerr）是一位典型的工具主义者，他在20世纪60年代就预见到了大学知识中心的地位，设想经济发展需要越来越多地利用大学的知识来解决问题、开展创新和促进增长。❸ 他在其代表作《大学的功用》（The Uses of the University）中提出了"多元化巨型大学"的理念，以适应多元化社会对大学提出的多元化需求。他认为，在当今社会，知识是社会的核心，大学作为知识的生产者、批发商和零售商，不可避免地要为社会服务。他所倡导的多元化巨型大学，体现了社会发展对大学的必然要求。当代美国著名教育家、哈佛大学前校长德里克·博克的思想与克尔有相似之处。他认为，当今社会变化迅速，科学技术迅猛发展，促使大学的地位发生了变化，大学正从社会的边缘转移到社会的中心，因此，大学应超越象牙塔，促进社会的发展。❹

　　1980年前后，经济全球化使大多数工业国家越来越依赖于复杂知识

---

❶ 王骥. 从洪堡理想到学术资本主义：对大学知识生产模式转变的再审视［J］. 高教探索，2011（1）：16－19.

❷ 亨利·埃兹科维茨. 麻省理工学院与创业科学的兴起［M］. 王孙禺，袁本涛，译. 北京：清华大学出版社，2007：31.

❸ GEIGER R L. American higher education since world war II：a history［M］. Princeton：Princeton University Press，2019：355.

❹ 刘宝存. 大学理念的传统与变革［M］. 北京：教育科学出版社，2004：178.

的生产和利用，同时，日益激烈的全球竞争使一些传统制造业和服务业转向其他国家。美国产业界的活力依赖于进行创新的能力，而美国在高科技以及在其大学上具有比较优势，想要在全球化的环境中进行竞争，需要研究型大学履行其在国家创新中的职能。面对日趋激烈的国际竞争，政府要求大学必须将其技术转化到产业领域之中，走出象牙塔与产业界进行合作，从而振兴美国的技术竞争力。这一时期开始了生物技术商业化的第一次浪潮，为发掘大学基础研究的经济潜力提供了强有力的范式。

信息科技以及随后的生物科技的发展，带来了美国技术型公司的急剧扩张。在此背景下，美国的国家创新体系发生了根本性变化，企业变得更加富有竞争力，大学在基础研究方面有了更大发展。这一时期，以"科学为基础的技术"的兴起使企业实验室的任务变得复杂化，这些新兴领域扩大了企业的技术范围，内部的专家已经无法涉及整个专业领域，企业越来越无法从它们自身的研发活动中获得根本性的创新，与此同时，很多新技术通过小企业或创业公司得以商业化，为新技术提供了额外的外部资源，以技术为基础的大企业越来越多地通过收购小型创业公司来获得创新。因为很多创业公司都是由大学毕业生或教师创办的，大学于是成了这一体系中的主角，以研究为基础的公司包括大学衍生企业，成了创新过程中必不可少的媒介。随着科学知识越来越多地应用于经济事业，知识的创造、传播和利用越来越多地参与到工业生产和治理活动之中，大学科研在社会和经济创新中的角色也产生了新的变化。传统意义上，以教学和科研为首要任务的大学被视为创新的支持机构，为产业界提供受过良好训练的青年人、研究成果和知识，然而，伴随着创新在"公司内部产生－公司之间产生－知识生产机构之间产生"的转变，作为创新的源泉，一种研究型大学的特殊模式——创业型大学开始产生，它不仅进行知识的创造，而且将它们付诸应用，促进技术的转化和新企业的创立。创业型大学包含并延续了研究型大学的传统，教学和科研之间的张力依然存在，只是增加了"将知识付诸应用并使其与社会密切结合"

的社会服务职能。❶

随着大学科研职能的变化,将基础发现与技术应用相结合的创业科学开始显现,创业型大学不是狭隘地仅仅把它自己的研究商业化,作为一所大学,它有很强的确定自己战略方向的自主性,不会从属于产业界或政府,而是在平等原则的基础上与其他机构相互作用,成为国家创新体系中富有影响力的行动者和平等的合作伙伴,为经济与社会发展提供发展战略与合作计划,原本相互分离、相互区别的科学和经济的组织边界因而也互相交织起来。❷

二、研究型大学科研的制度性变化

随着大学科研职能的变化,研究型大学中出现了文化、学科制度和组织制度上的创新和变化,推动了大学-产业界技术转化以及大学知识创新的发展。

1. 大学创业文化的形成

20世纪80年代,美国大学对于研究院、商业孵化器、衍生企业、专利活动等商业活动的态度发生了巨大的变化。虽然斯坦福大学在1951年就建立起了第一个大学科技园,大学的专利活动更要追溯到1912年研究公司的成立,但是,在1978年之前,科技园在美国研究型大学中还属少见,专利活动也处于次要位置。而10年之后,科技园和专利活动已经成为主要研究型大学普遍追求的对象,创业文化在很多研究型大学中逐步形成。主要原因在于,一方面,大学需要强调其在经济发展中的作用并通过技术转化进行体现;另一方面,大学从中看到了增加收入的机会。科恩-博耶重组DNA专利技术为斯坦福大学和加州大学带来的巨额技术

---

❶ ETZKOWITZ H. Innovation in innovation: the triple helix of university – industry – government relations [J]. Social Science Information, 2003, 42 (3): 293 – 296.

❷ ETZKOWITZ H. Normative change in science and the birth of the Triple Helix [J]. Social Science Information, 2011, 50 (3 – 4): 549 – 568.

许可收入使生物技术领域的大学教师在创业精神上不断增强,他们意识到自己工作的商业价值和前所未有的申请专利的可能性,这为大学的专利活动提供了新的激励,其范围远远超过了《拜杜法案》的范围。20世纪70至80年代生物技术领域的学术创业受到以下六个因素的推动:科学的进步、专业知识的学术定位、基因泰克公司的组织模式、新的风险投资环境、缺少对重组DNA技术的监管、允许针对活的有机体申请专利。❶

1975年之前美国只有10所大学科技园,在之后的10年里,有25所大学科技园又建立起来。20世纪80年代早期,只有1/4的科技园成功地吸引了产业界;然而到20世纪80年代中期,又有约40所大学开始建立科技园。虽然科技园是一种回报不明确的长期投资,但大学可以通过建设科技园从经济发展、技术转化以及与产业界之间的互动关系中受益。另外,大学还能够从"邻近效应"(propinquity effects)中获益,处于大学附近的工业实验室能够为大学带来研究赞助、设备共享及其他的科学交流机会。❷

大学在专利活动方面也发生了很多改变,几乎每一所研究型大学都对其"知识产权"政策进行重新评估并建立起了促进专利活动的程序。在1980年之前,大学对于专利活动的举措是被动和保守的,《拜杜法案》出台后,大学专利活动在鼓励教师披露发明、申请专利和将专利许可投入市场三个方面变得积极。

发明披露是技术转化过程的源头,大学想要扩大其专利活动就必须"教育"教师更多地考虑其工作的商业意义,这促使教师大量增加发明披露的数量。在1980年之前,大部分大学主要依靠外部的专利管理公司,如研究公司来进行专利的申请和管理;1980年之后,为了提高专利申请数量,很多大学都开始自己负责此类活动。由于专利活动的成本高而获得专利费的机会少,外部的专利管理者通常都较为保守,仅仅为1/10的

---

❶ BERMAN E P. Creating the market university: how academic science became an economic engine [M]. Princeton: Princeton University Press, 2012: 93.
❷ GEIGER R L. Research and relevant knowledge: American research universities since World War II [M]. New York: Oxford University Press, 1993: 314-317.

发明披露申请专利。而20世纪80年代末具有内部管理部门的大学为1/3的发明披露进行了专利申请。❶ 在此方面走在前列的是斯坦福大学,1970年该校就成立了自己的技术许可办公室,斯坦福大学从专利活动中所获得的许可收入也因此上升为全国最高。麻省理工学院也模仿斯坦福大学重组了自己的专利行政办公室。自此,为发明寻找使用对象以实现技术转化和获得专利收入,成为推动大学进行专利活动的动力。

1985年成立的工程研究中心也给大学的组织和文化带来了重要的影响,大学越来越能接受用规划来指导大型研究项目、跨学科研究以及与产业界开展合作,这也改变了科研评价的内部政策和管理制度。参与大型研究项目的大学教师需要适应以研究周期为单位的、由跨部门的工程师和科学家共同参与的研究活动。对于企业来说,最大的受益是通过工程研究中心接触到最前沿的研究成果和科学家。企业认为工程研究中心提供的通用知识和专门技术是很有价值的,因此希望研究中心能够聚焦在基础研究方面,与产业界的应用研究形成互补。❷ 材料研究科学和工程中心也是如此,该中心基于基础研究的定位,在重视与产业界互动的同时也通过基础研究对技术创新作出贡献。

2. 学科制度的变化

随着大学和产业界的互动,跨学科研究以及一些新兴学科,如生物资讯、纳米技术开始形成和兴起。跨学科研究中心的建立是知识生产方式的创新,也是美国研究型大学制度的创新。

(1) 跨学科研究的兴起

20世纪80年代以前,各种各样的有组织的研究单位就已经在美国大学中蓬勃发展,包括区域研究中心、调查研究中心、工程研究所、计算机实验室等,大学成了极有影响的跨学科知识生产基地。据相关统计,

---

❶ GEIGER R L. Research and relevant knowledge: American research universities since World War II [M]. New York: Oxford University Press, 1993: 315.
❷ GEIGER R L, SÁ C M. Tapping the riches of science: universities and the promise of economic growth [M]. Cambridge: Harvard University Press, 2008: 74.

至1970年时，已经成立了5000个有组织的研究单位。❶ 在这里，大学实验室、产业实验室和国家实验室构成一个共同促进国家创新的三角形，每个类型的研究机构都位于顶点，但是每一对之间都存在重要的联系，人才、资本、基础设施在各主体之间相互流动，联邦政府和州政府位于三角形的中心，利用影响力和资源协调三角关系中的各个环节。卡内基梅隆大学的加工研究所（Processing Research Institute，PRI）是于1971年由国家科学基金会基于国家需求计划资助的，由化学、机械和材料工程学共同创建，旨在发展加工制造领域的硕士学位课程。一些大企业如杜邦、埃克森美孚和西屋电气，通过共同合作研究项目为研究生培养提供了支持，在该研究所成立的前三年半中，26家公司和行业协会提供了80万美元的经费，国家科学基金会则提供了50万美元的对应经费。❷

20世纪80年代，更多组织性的研究单位得到建立，以应对学术研究向跨学科方向的转变，在大学研究自主权、竞争性研究经费制度、经费来源多元化方面日益改变着学术研究的特性。以加州理工学院的喷气推进实验室和约翰·霍普金斯的应用物理实验室为例，这些研究单位为研究者提供设备、研究团队以及其他支持从而进行更大型、交叉学科以及更加昂贵的科学研究。由于研究单位能够获得科学研发的竞争性经费，任何一所追求高质量的研究型大学都需要有这样的研究单位。组织性的研究单位能够在大学内部获得自主研究的权利，因而进一步加强了这些高校的知识生产能力。❸在密歇根大学组织性研究单位建立时期，1986年来自凯洛格（Kellogg）基金会的500万美元经费建立了永久性的校长行动基金以支持新兴的、高风险、高回报领域，并强调跨学科合作。除此之外，战略性研究计划（Strategic Research Initiatives）项目也提供了研究

---

❶ BERMAN E P. Creating the market university: how academic science became an economic engine [M]. Princeton: Princeton University Press, 2012: 123.

❷ BERMAN E P. Creating the market university: how academic science became an economic engine [M]. Princeton: Princeton University Press, 2012: 126.

❸ MOHRMAN K, MA W H, BAKER D P. The research university in transition: the emerging global model [J]. Higher Education Policy, 2008, 21 (1): 5–27.

支持。这些项目每年为密歇根大学提供 500 万～1000 万美元的资金以支持和鼓励创新研究。到 2000 年,密歇根大学已经成立了 160 个组织性研究单位,其中有一半是在 20 世纪 90 年代建立的,其间密歇根大学还实行了一种分权化预算形式,将经费收入分配给那些实际产生这些收入的研究单位❶。该制度促进了研究单位申请研究项目,为获取外部经费支持展开竞争,而这些单位可以保留间接成本补偿,这进一步激励它们为研究项目争取资源,密歇根大学的科研极大程度上依赖于组织性的研究单位。

由于科学实践变得越来越跨学科,一门学科的进步往往是由通常看似不相关领域的进步推动的,跨学科研究在推动基础科学研究和促进变革性发现方面发挥了重要作用。例如,谁也不会想到,核物理研究和为基本粒子实验开发的数据收集技术这二者的结合能够推动磁共振成像这一生物医疗技术的发展。跨学科的应用研究有望为基础科学进步作出贡献,这与巴斯德象限的精神相呼应。国家科学基金会通过建立工程研究中心有意识地推动了大学跨学科研究,随着该项目的成功,研究型大学内的跨学科研究中心大量涌现,这些围绕解决实际问题建立的跨学科研究中心作为美国研究型大学的又一制度创新,对促进知识生产方式的创新、推动大学创新力具有重要作用。

在大学内部,跨学科研究中心打破了不同组织的界限,以研究团队、研究项目为单位开展研究,并有技术平台做支撑。例如,斯坦福大学的 Bio－X 跨学科研究中心成立于 1998 年,来自全校 70 多个系的 970 多名教师都是中心成员,旨在运用工程、计算机科学、物理学、化学及其他领域的思想和方法推动生物医学和生命科学研究前沿的跨学科发明。在组织管理上,该中心支持打破教师、院系和学校之间的界限开展广泛的合作。Bio－X 种子基金第 9 轮授予了 24 个新的跨学科合作项目,吸引了 122 个教师团队提交申请,种子资助申请过程激发了斯坦福大学教职人员的研究合作,鼓励了跨学科冒险精神的校园文化。在经费上,Bio－X 跨

---

❶ GEIGER R L. Knowledge and money: research universities and the paradox of the marketplace [M]. Stanford: Stanford University Press, 2004: 163.

学科研究中心具有多样化的资金来源，通过 Bio-X 种子基金为高风险、具有潜在高回报的研究提供支持，由 Bio-X 奖励资助的研究取得的后续成功为该校带来了 3 亿美元的外部经费。2004 年以来，斯坦福大学 Bio-X 企业论坛计划从近 30 家不同的公司获得了近 2700 万美元的直接财务支持。

（2）增设新兴和院系学科

随着新兴科学技术学科的发展，信息科学、材料科学、环境科学、设计科学、系统科学、认知科学、海洋科学、地球资源、食品科技、核技术、生命科学、电子工程、计算机科学等方面的学院、学系或者课程计划等新兴科学领域的学院或学科组织逐渐建立起来。❶ 很多新兴学科都是通过不同学科之间的整合而形成的。麻省理工学院在本科阶段设置了新的跨学科学习项目：化学和生物学，气候系统科学与工程，计算与认知，计算机科学与分子生物学，计算机科学、经济学和数据科学，人文与工程、人文与科学、城市科学规划与计算机科学。该校在研究生阶段设置了新的跨学科学位：先进城市化，计算与认知，计算与系统生物学，计算科学与工程，计算机科学与分子生物学，计算机科学、经济学和数据科学，设计与管理，哈佛-麻省理工学院健康科学与技术项目，历史、人类学、科学、技术和社会，全球运营领导，音乐技术与计算，运筹学等。麻省理工学院还成立了新兴学科实验室，如计算机科学与人工智能实验室、信息与决策系统实验室、核科学实验室、材料研究实验室、核反应堆实验室、电子与研究实验室、林肯实验室等。

3. 组织制度的变化

为了适应与产业界的关系变化，美国研究型大学演进出了一些新的组织机构，这些机构在组织术语上被称为"边界组织"（boundary organizations）❷，协调大学和产业界两大领域之间的利益。

---

❶ 刘宝存. 国外大学学科组织的改革与发展趋势［J］. 教育科学，2006（4）：73-76.

❷ GEIGER R L. The commercialization of the university［J］. American Journal of Education，2004，110（4）：389-399.

（1）技术转化办公室

技术转化办公室为了协调大学发明者和外部专利活动之间的关系而成立。20世纪70年代末，斯坦福大学首创了技术转化办公室模式，大学亲自管理专利事务，即出面申请各种发明的专利，再把专利许可给企业界，给大学带来可观的收入。《拜杜法案》出台后，各研究型大学纷纷效仿，普遍设立技术转化办公室，除常见的技术转化办公室或技术授权办公室外，还有"技术管理办公室""专利及授权办公室""授权及技术管理室"等。技术转化办公室负责大学发明技术转化的运营，需要接受和吸引大学科学家的研究成果并对其进行专利资格的评估，同时也负责对大学的研究成果进行扩散。具有知识产权专业背景的工作人员不仅为科研人员提供知识产权方面的法律解释，同时也协助他们申请专利、起草专利申请的相关文件，并且代表专利人处理法律程序。2000年以后，技术转化办公室已经将技术许可工作提前于专利评估，这样就可以将发明成果针对潜在专利许可对象进行营销，由潜在的专利许可对象承担部分或全部专利评估成本。❶

如今，技术转化办公室已经成了技术转化综合部（technology transfer complex，TTC）。研究型大学的技术转让综合部通常包括以下几个办公室：①工业研究办公室，负责将教师专业知识与已成立公司的研究需求进行匹配；②知识产权办公室，负责对大学发明进行宣传和专利评估；③负责营销和监督技术许可的独立办公室，为整个系统提供经费来源；④负责新公司商业发展的办公室；⑤负责小型商业发展和创业的办公室，辅助管理工作和获得研究支持；⑥负责与公共经济发展机构进行联络的办公室，利用可获得的公共津贴；⑦风险投资基金会，以独立法人资格进行运营，但主要负责帮助大学获得资本；⑧一个大学科技园；⑨一个商业孵化器。❷

---

❶ GEIGER R L. The quest for "economic relevance" by US research universities [J]. Higher Education Policy, 2006, 19 (4): 411-431.

❷ GEIGER R L. The quest for "economic relevance" by US research universities [J]. Higher Education Policy, 2006, 19 (4): 411-431.

然而，技术转化办公室也面临着艰难的挑战，因为如果想要有效运行，它们就必须首先跨越两种不同的文化，必须能够一方面尊重大学教师的利益和文化，另一方面需要具有良好的商业嗅觉，能够与商业界取得联系和进行协商。专业技能则是第二大挑战，只有少数专业人士能够对来自上千名科学家的深奥发明进行评估和营销。❶ 此外，技术转化办公室的运营依赖于大量的专利许可收益，而专利许可收益的多少是难以预见的。

（2）大学医学院

"二战"前，医学研究仅仅集中于少数几所大学。20 世纪 50 年代，国家卫生研究院开始加强对医药和生物研究的经费支持，随之而来的是对研究设备和生物医学领域科学家培养的支持。20 世纪 60 年代末充足的科研支持是促使美国医学院转型的一大因素。庞大的联邦经费使医学院在研究上享有自治权，医学系同时具有研究所的特征。教师将大部分时间花在研究上，其工资收入的大部分也来自研究课题的收入。这些学系的学术性由于日益扩大的博士生项目和博士后而得到强化，但是医学院和其所处的大学之间的联系却减少了。在医疗保健方面承担越来越多的职责要求学术医疗中心在财政上（组织上）与其所属的大学相分离，这从而使医学院有了自身的结构和运行方式。医学院也成为顶尖研究型大学中相对独立的部分。

随着美国国家卫生研究院对医学和生物学研究经费支持的扩大，20世纪 70 年代，美国很多顶尖的研究型大学都设有医学院，它们与国家卫生研究院以及医疗保健系统的联系甚于与大学的联系。这一时期，主要依靠医学院进行科学研究的新型研究型大学出现，医学院也成为学术研究最主要的执行者之一。医学院教师人数增加了 18000 人，到 20 世纪 80年代又增加了同等的人数。而医学院教师给大学带来的收入也增长了 4倍。这些收入极大地解决了医学院的经济状况并为科研提供了补贴。到

---

❶ GEIGER R L. The quest for "economic relevance" by US research universities [J]. Higher Education Policy, 2006, 19 (4): 411-431.

20世纪90年代，28%的医疗收入用于补贴医学教育和研究。医学院对国家卫生研究院的经费依赖进一步加深。医学成了学术研究中最大和增长最快的领域，1979—1997年，医学研究经费所占的比例增长了5个百分点（从23.2%增至28.2%）。❶ 然而，医学研究与学术界之间的联系却是特殊的。从知识上讲，由于分子生物学和基因科学的革命，医学研究与生物科学融合得更加紧密，生物医学研究需要与生物学和农学的研究者有更多共同的基础研究领域；但从组织上讲，医学院因其独特的环境而又独立于大学。

为满足学术和商业两大利益需求，大学医学院扩充了医疗服务、生物医学研究以及医生和科学家人才培养的边界，每一项活动都要求高度的整合。NIH要求大学医学院能够将科学发现转化为有效的医疗物品，企业虽然不能使大学在基本使命上进行妥协，但是也有自身的利益诉求。因而，大学医学院要在一些不同和相同的目标中根据自身的原则进行协调，对利益冲突进行管理。❷

很多大学都认识到要应对生物科学的革命性发展，密歇根大学则将策划、战略性投资和整合相互结合起来。1998年，李·布林格（Lee Bollinger）校长任命了生命科学委员会来决定如何保持密歇根大学在生物科学革命性发展中的领导地位。根据该委员会的建议，校董会决定投入2亿美元建立生命科学院，专注于开创性领域的研究，如生物复杂性、生物技术和转译研究、复杂基因组学、化学和结构生物学以及认知神经科学。该研究院旨在成为联结医学院和文学、科学以及艺术学院各系之间的知识性和制度性桥梁。该计划还包括一个生命科学、价值观和社会项目，旨在促使非生物领域的学者将目光关注于生物革命中所出现的问题。总的来说，该计划体现了对未来生物和医学研究的巨大投资，对整个大

---

❶ GEIGER R L. Knowledge and money: research universities and the paradox of the marketplace [M]. Stanford: Stanford University Press, 2004: 143-144.

❷ GEIGER R L. The commercialization of the university [J]. American Journal of Education, 2004, 110 (4): 389-399.

学都产生着重要影响。❶

(3) 大学科技园

大学科技园是"二战"后颇受欢迎的制度创新之一。大学科技园是在大学校园内或附近技术型组织的集群，主要由私营部门研究公司组成，也有部分联邦和州研究机构以及非营利性研究基金会。大学开发科技园的动机是通过技术转让获得经济收益，为教师和学生提供与产业研究组织互动的机会，并希望为区域经济增长作出贡献。对于入驻企业来说，则是希望从大学的知识库和研究活动中受益，促进研究协同效应。

斯坦福大学工业园可能是最古老的科技园，于1951年建立。当时，在快速发展的旧金山半岛，斯坦福大学不断扩大的土地承受着越来越高的税收负担，而高科技工业园区在管理者看来似乎是一种符合大学更大目标的土地开发方式。随后，康奈尔大学研究园、俄克拉荷马大学研究园和北卡罗来纳州三角研究园也于20世纪50年代成立，其他大学也开始效仿，大学附属的研究园以及独立于大学的科技园如雨后春笋般涌现，到1962年，已经建立了10个大学研究园，另外14个处于规划阶段。❷

大学科技园是大学与产业界之间互相需求的产物，大学科技园能够为高新技术成果的商品化提供环境和条件，能够为大学带来资源，有利于为研究和学术项目提供财政支持，为大学教师提供对外合作的机会，同时还能够维护大学的教育使命。然而，大学科技园的发展并不是一帆风顺的，1962年，只有斯坦福大学工业园的入驻率超过30%，甚至于后来成为美国最大科技园之一的北卡罗来纳州三角研究园也在20世纪60年代中期一度处境艰难。❸ 到1965年左右，大学科技园出现了一个小繁荣，

---

❶ GEIGER R L. Knowledge and money: research universities and the paradox of the marketplace [M]. Stanford: Stanford University Press, 2004: 164.

❷ BERMAN E P. Creating the market university: how academic science became an economic engine [M]. Princeton: Princeton University Press, 2012: 27.

❸ BERMAN E P. Creating the market university: how academic science became an economic engine [M]. Princeton: Princeton University Press, 2012: 27.

有17所科技园与一所或多所大学存在关联。到20世纪70年代初，大学科技园又因无法招募到租户而陷入困境，虽然斯坦福大学工业园、北卡罗来纳州三角研究园和麻省理工学院科技园获得了成功，但是估计有3/4的科技园因未能吸引产业界的兴趣而将服务目标转变为大学和政府部门。大学科技园最大的挑战是如何向企业证明，位于大学附近可以提供比较优势，并且需要承担的费用是合理的。

大学科技园已经逐步成为国家创新体系中的重要基础设施要素，通过科技园，大学不断衍生和孵化出新的科技型企业。"利用学术知识在大学附近建立新公司已经成为一项比较重要的目标，很多公司最初建立在校园中或校园附近的由大学赞助的孵化器中，以便为当地经济作出贡献。"❶

第二节　美国研究型大学研发经费投入

德里克·博克（Derek Bok）指出科学研究要保持高质量必须具备以下条件：第一，科学研究领域必须拥有足够令人满意的工作待遇，以吸引最具才华的人才。第二，需要有先进的仪器和设备。一流水平的科学家从事最佳质量的研究工作，必须有合适的研究设施，否则他们难以在高新研究领域开展研究，那些高新研究会迅速转移至研究设备完善的国家。第三，拥有促进最高质量研究活动的工作环境。科学家需要有足够的时间，全身心投入到研究以及与同行开展科研交流上。另外，由于科学发现建立在已有的知识基础之上，所以研究者必须接触量多面广的科学成果，如具有一流的图书馆设施，有机会参加科学会议和享有最大限度自由交流科研信息等。第四，允许科学家自行决定研究项目，自行

---

❶ 李正风. 科学知识生产方式及其演变[M]. 北京：清华大学出版社，2006：280.

决定采用的研究方法。尤其是，他们必须有灵活的经费来源，以使他们能够探索自己选定的科研课题。第五，必须建立评估和维护研究质量的程序。这样的程序一般涉及那些广泛认可的机制，如期刊引证和同行评估等。有名望的科学家参与也是一种认证的机制，因为这些科学家能够确定严格的客观标准，同时确保标准的贯彻和维护。第六，具有高尚的道德规范。科研工作应该有价值，在公正合理的条件下开展，并受到广泛尊重。❶ 综合以上几点来看，高质量的学术研究首先依赖于强大而稳定的科研经费投入。20 世纪 80 年代以来，随着大学科研职能的增加，美国研究型大学的研发经费不断上升，除了高度依赖联邦政府的资助外，产业界也日益将大学视为创新的来源而加大对大学的科研投入。

一、美国大学研发经费变化情况

美国政府支持科学研究的体系基于两个基本方面：一是主要支持联邦实验室的任务导向研究（如国防和卫生）；二是支持基础研究，资助大学进行以好奇心为导向的研究。❷ 大学的研究得到了许多机构的支持，包括国防部、能源部和国家卫生研究院，以帮助它们实现任务目标。

1. 美国大学研发经费整体规模

20 世纪 80 年代以来，美国大学研发经费持续增长。如图 2-1 所示，按 2017 年定值美元计算，1970—1979 年，美国大学研发经费数增长较平稳，从 1970 年的 117.99 亿美元增长为 1979 年的 150.94 亿美元。1980 年后，大学研发经费进入快速增长阶段。1980—2021 年，美国大学研发经

---

❶ 德里克·博克. 走出象牙塔：现代大学的社会责任 [M]. 徐小洲，陈军，译. 杭州：浙江教育出版社, 2001: 161.

❷ Information Techonology & Innovation Foundation. Understanding the U. S. national innovation system, 2020 [EB/OL]. (2020-11-21) [2024-05-01]. https://www2.itif.org/2020-us-innovation-system.pdf.

费数从1980年的156.87亿美元增长为2021年的823.76亿美元。从不同时期的增长幅度来看，1970—1979年，美国大学研发经费增长了27.93%；1980—1989年，美国大学研发经费增速加快，增长了67.70%；1990—1999年，美国大学研发经费增长了40.30%；2000—2009年，美国大学研发经费增长了55.52%；2010—2019年，美国大学研发经费增速放缓，增长率为17.56%。由此可见，1980—1989年这10年间是美国大学研发经费的高速增长期。

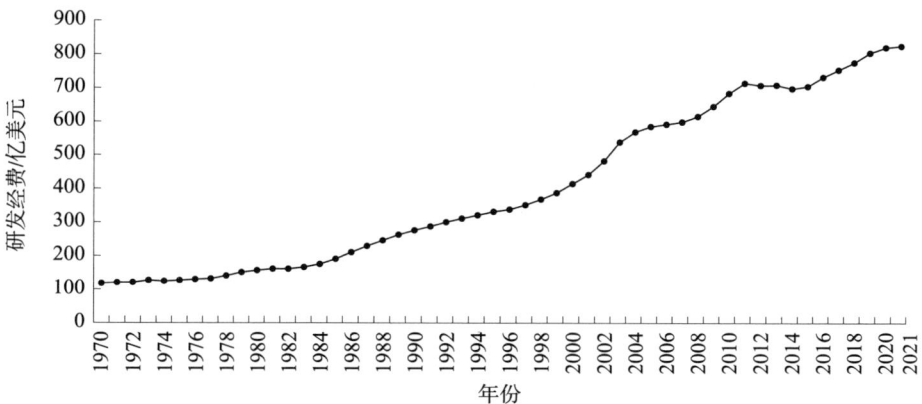

图2-1　1970—2021年美国大学研发经费变化情况
（按2017年定值美元计算）

数据来源：National Center for Science and Engineering Statistics. Higher Education Research and Development Survey［EB/OL］.（2023-11-01）［2024-05-01］. https://ncses.nsf.gov/browse-library?survey=Higher%20Education%20Research%20and%20Development%20（HERD）%20Survey.

2. 美国排名前100名高校和前30名高校研发经费变化情况

1985—2022年，在获统计的600多所高校中，美国研发经费排名前100的大学的研发经费总数占全美大学研发经费总数的比例大体保持在80%左右，该比例从1985年的82%下降为2022年的78.96%，38年间仅下降3.04个百分点（见图2-2）。因此，美国大学研发经费事实上以前100名研究型大学的研发经费为主。

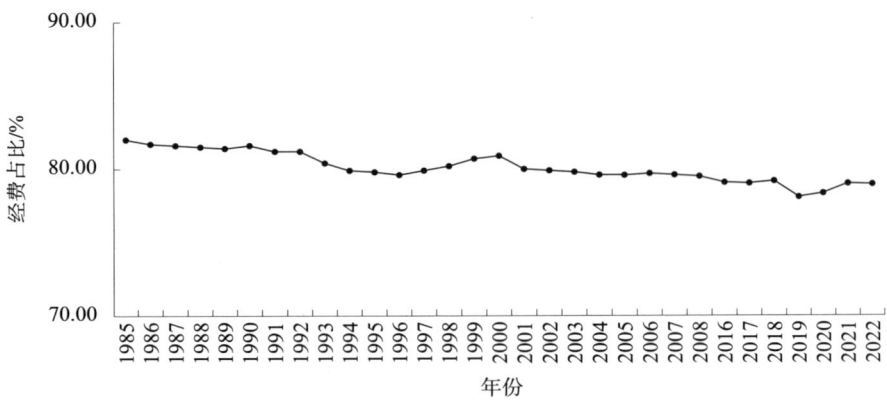

图 2-2 研发经费前 100 名的大学经费之和占美国大学研发总经费的比例

注：2009—2015 年数据高校数据缺失数据较多，故未统计该年份数据。

数据来源：National Center for Science and Engineering Statistics. Higher Education Research and Development Survey［EB/OL］.（2023-11-01）［2024-05-01］. https：//ncses. nsf. gov/browse-library? survey = Higher%20Education%20Research%20and%20Development%20（HERD)%20Survey.

表 2-1 显示了研发经费数量最高的 30 所大学 1985—2020 年每 5 年经费数量的发展变化。按 2017 年定值美元计算，前 30 所大学的研发经费平均水平从 1985 年的 2.72 亿美元增加为 2000 年的 5.46 亿美元，继而增加为 2020 年的 11.49 亿美元。从经费总数来看，这 30 所大学在 1985 年的研发经费为 81.61 亿美元，到 2000 年增长为 163.88 亿美元，到 2020 年增长为 344.81 亿美元。从研发经费比例来看，该表体现出美国大学研发经费投入的集聚性，前 30 所大学的研发经费占全美大学研发经费比例相当高，36 年间一直保持在 40% 左右的水平。而这些大学中有大量都是赠地学院或公立大学，体现出公立研究型大学在美国科研产出中的重要地位。

表 2-1　研发经费最多的前 30 所大学的研发经费变化情况

（按 2017 年定值美元计算）　　　　　　　　　（单位：亿美元）

大学名称	1985	1990	1995	2000	2005	2010	2015	2020
全美高校研发经费总数	191.02	276.76	331.21	414.03	563.27	683.39	702.34	818.26
约翰·霍普金斯大学	7.86	11.33	11.79	12.41	17.77	22.35	23.63	29.49
加州大学旧金山分校	2.59	4.04	4.93	6.10	9.28	10.43	11.55	15.65

续表

大学名称	1985	1990	1995	2000	2005	2010	2015	2020
宾夕法尼亚大学	2.57	3.21	4.07	5.93	8.06	9.33	8.86	14.97
密歇根大学	3.23	5.26	6.62	7.60	9.95	13.21	14.04	15.87
华盛顿大学西雅图校区	3.23	4.16	5.82	7.29	8.71	11.40	12.10	13.81
加州大学洛杉矶分校	2.95	4.18	4.54	7.31	9.67	10.45	10.47	13.21
加州大学圣地亚哥分校	2.87	4.02	5.34	7.14	8.87	10.52	11.29	13.31
威斯康星大学麦迪逊分校	4.11	5.25	6.03	7.63	9.82	11.48	10.96	12.93
杜克大学	1.36	2.38	3.27	4.91	7.76	10.96	10.63	11.35
斯坦福大学	3.93	5.07	4.76	6.26	8.80	9.36	10.48	11.42
俄亥俄州立大学	2.04	3.03	3.68	4.98	7.49	8.42	8.38	9.18
北卡罗来纳大学教堂山分校	1.50	2.09	3.12	3.71	5.43	8.42	9.91	11.00
哈佛大学	2.72	3.74	4.13	4.71	5.50	6.50	10.39	11.76
康奈尔大学	4.01	5.09	5.14	5.65	7.47	8.36	9.78	11.28
纽约大学	1.65	1.84	2.23	2.51	3.40	4.08	6.17	8.98
匹兹堡大学	1.26	1.99	2.79	4.06	6.43	9.17	8.83	10.48
佐治亚理工学院	1.78	2.85	3.17	4.19	5.23	6.87	7.85	9.95
哥伦比亚大学	2.69	3.10	3.66	4.40	6.59	9.00	8.90	9.79
明尼苏达大学	3.42	4.95	5.14	5.67	6.75	8.77	9.03	9.88
耶鲁大学	2.31	3.06	3.46	4.09	5.31	6.95	8.23	10.37
得克萨斯大学安德森癌症中心	2.50	3.87	3.42	3.76	4.72	6.69	8.54	9.97
得克萨斯农工大学健康科学中心	3.65	4.62	5.42	5.47	5.90	7.69	8.88	10.72
范德比尔特大学医学中心	0.67	1.27	1.66	2.37	4.31	5.63	6.64	7.82
佛罗里达大学	1.80	2.37	2.98	4.32	6.53	7.60	7.58	8.93
圣路易斯华盛顿大学	1.58	2.56	3.12	4.99	6.54	7.76	7.11	8.72
南加州大学	1.92	2.87	3.32	4.14	5.48	6.61	7.08	8.92
宾夕法尼亚州立大学	2.23	4.35	4.94	5.89	7.70	8.59	8.11	9.40
西北大学	1.43	2.26	2.60	3.38	4.76	6.41	6.73	8.29
麻省理工学院	4.79	5.28	5.54	5.87	7.15	7.55	9.54	9.37
加州大学伯克利分校	2.96	3.91	4.35	7.14	6.82	7.74	8.08	7.96

续表

大学名称	1985	1990	1995	2000	2005	2010	2015	2020
前30所大学研发经费均值	2.72	3.80	4.37	5.46	7.27	8.94	9.66	11.49
前30所大学研发经费总数	81.61	114.00	131.04	163.88	218.20	268.30	289.77	344.78
前30所大学研发经费占全美高校研发经费比例（%）	42.72	41.19	39.56	39.58	38.74	39.26	41.26	42.14

数据来源：National Center for Science and Engineering Statistics. Higher Education Research and Development Survey［EB/OL］.（2023－11－01）［2024－05－01］. https：//ncses.nsf.gov/browse－library?survey＝Higher%20Education%20Research%20and%20Development%20（HERD)%20Survey.

从1985—2020年36年间的研发经费的增长率来看，经费增长最快的大学为范德比尔特大学医学中心、杜克大学、匹兹堡大学、北卡罗来纳大学教堂山分校、加州大学旧金山分校；其次为宾夕法尼亚大学、西北大学、佐治亚理工学院、圣路易斯华盛顿大学、纽约大学；再次为佛罗里达大学、密歇根大学、南加州大学、加州大学圣地亚哥分校、俄亥俄州立大学、耶鲁大学、加州大学洛杉矶分校、哈佛大学、华盛顿大学西雅图校区、宾夕法尼亚州立大学（见表2－1）。这些大学的名单体现出联邦政策向应用性基础研究的转移趋势。❶

二、美国大学研发经费的不同来源

1. 美国大学研发经费来源的整体情况

自"二战"以来，美国联邦政府一直都是美国大学科研的主要资助者。20世纪80年代以来，为了发挥美国大学在知识创新方面的比较优势，使其在全球市场上保持领导地位，联邦政府进一步加大了对大学科研的支持力度。按2017年定值美元计算，1979年以前，来自联邦政府的

---

❶ 克拉克·克尔. 大学之用［M］. 高铦，高戈，汐汐，译. 北京：北京大学出版社，2008：116.

研发经费较为稳定，仅从1970年的83.22亿美元增长为1978年的93.01亿美元；而1980—1999年，来自联邦政府的研发经费稳步上升，从1980年的106.03亿美元上升为1999年的226.51亿美元；2000—2011年，除受2008年金融危机影响经费短暂下降外，来自联邦政府的研发经费增长迅速，从241.67亿美元增长为445.65亿美元；2012—2015年，来自联邦的经费又开始出现下降，从431.79亿美元降至388.59亿美元，而后逐年回升至2021年的451.22亿美元（见图2-3）。高校自身作为第二大经费来源，日益拉大了与州和地方政府资助水平的差距。1980—2021年，来自高校自身的大学研发经费从1980年的21.60亿美元增加为2021年的206.07亿美元；在此期间，来自州和地方政府的大学研发经费从1980年的12.70亿美元增加为2021年的43.49亿美元；来自产业界的大学研发经费稳步增加，从1980年的6.11亿美元增加为2021年的46.92亿美元，自2015年开始，产业界对大学科研的经费资助开始逐年超过州和地方政府对大学科研的经费资助。

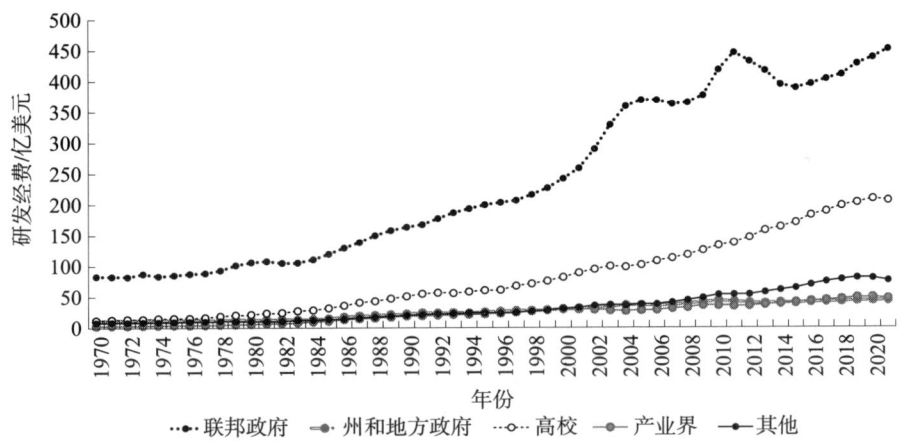

图2-3　1970—2021年美国大学研发经费来源情况
（按2017年定值美元计算）

数据来源：National Center for Science and Engineering Statistics. Higher Education Research and Development Survey［EB/OL］.（2023-11-01）［2024-05-01］. https：//ncses.nsf.gov/browse-library?survey=Higher%20Education%20Research%20and%20Development%20（HERD）%20Survey.

从经费结构来看，美国大学研发经费的来源较为多元，包括联邦政府、州和地方政府、高校、产业界及其他来源。2021年，来自联邦政府的经费占高等教育研发经费总数的54.78%，来自高校自身的经费占25.02%，来自产业界的经费占5.70%，来自州和地方政府的经费占5.28%，其他经费来源占9.23%（见图2-4）。

2013年之前，美国联邦政府的经费投入约占大学所有研发经费比例的60%~70%；2014—2021年，该比例为52%~57%。由于高校自身经费和产业界经费的上升，1970—2021年，来自联邦政府的研发经费比例整体呈下降趋势。1970年，联邦政府的研发经费曾占到大学研发经费比例的70.54%，然而从1971年开始，联邦政府的研发经费开始降至70%以下，并持续下降到2001年的58.62%。2021财年，联邦政府的研发经费比例进一步降到55%左右（见图2-4）。

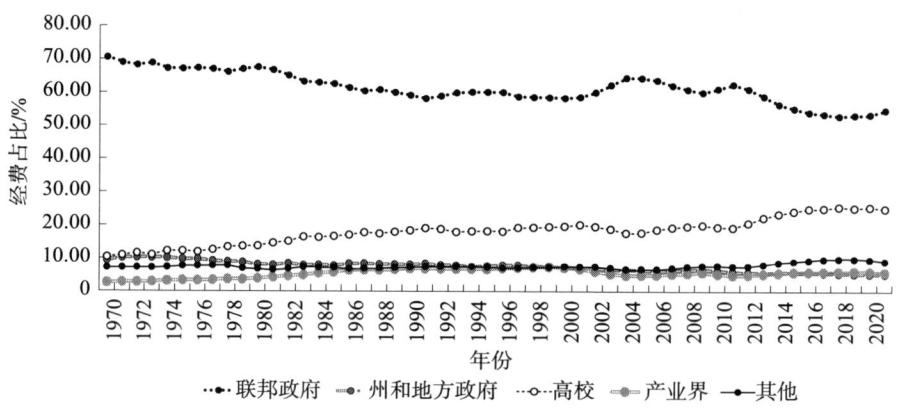

图2-4 1970—2021年美国大学研发经费来源所占比例

数据来源：National Center for Science and Engineering Statistics. Higher Education Research and Development Survey [EB/OL]. (2023-11-01) [2024-05-01]. https://ncses.nsf.gov/browse-library?survey=Higher%20Education%20Research%20and%20Development%20(HERD)%20Survey.

图2-4表明，产业界对大学研发的投入比例虽然较小，但在1970—2000年31年间呈上升趋势。1970—1979年，产业界对大学研发经费投入比例从1970年的2.61%上升为1979年的3.60%，上升了约1个百分点。1980—1989年，该比例从3.89%上升为6.64%，10年间上升了2.75个百分点。20世纪90年代，产业界的研发经费比例始终保持在7%左右，1999年达到最高点，为7.38%。2001—2012年，随着高校自身的研发经

费投入增加，产业界对大学研发投入比例下降，从6.76%降至4.98%，而后回升至2021年的5.70%。可见，产业界对大学的研发经费投入比例在20世纪80年代以后有了较快增长，这与联邦政府促进大学-产业界伙伴关系的政策密切相关。

1979—2021财年，州和地方政府所投入的研发经费比例降低。1970—1978财年，州和地方政府的研发经费占大学研发经费的8.80%以上（1979年为8.80%）；而1980年，州和地方政府的研发经费比例突然降至8.10%。自1992年开始，州和地方政府的研发经费开始下降到8%以下并持续下降到2021年的5.28%（见图2-4）。这体现了自1980年开始，州和地方政府对大学的投入开始削减，这使广大的公立大学面临经费挑战，想要在与其他大学的竞争中保持优势，就必须向外部寻求其他经费资源。

大学科学研究日趋依赖于大学内部经费，1970—2021年，来自高校自身的研发经费占比稳步上升，从10.41%提高到了25.02%（见图2-4）。大学自身经费并不主要来自学生的学费，而是来自医学中心的临床收入，有的高校医学研究的经费有40%来自内部经费，大学自身经费的另一来源是间接经费。❶大学内部经费的提高主要是因为科研成本的提高，随着"巨型科学"时代的来临、科学设备价格的攀升以及对高质量科学家的竞争，大学需要用来吸引年轻科学家的科研启动费日益增加，20世纪90年代，大学要为年轻科学家提供25万~50万美元的资金建立实验室，用以吸引杰出科学家的科研启动费还要高得多，虽然杰出科学家通常有联邦项目经费，但是这还不足以承担所有支出。❷

从大学对社会经费投入的资源依赖看，美国大学的科研经费来源体现出多元化的趋势，从高度依赖联邦经费转变为更加多元、平衡的经费来源，来自产业界和高校自身的经费在20世纪80年代以后显著提高，这

---

❶ GEIGER R L. American higher education since world war II: a history [M]. Princeton: Princeton University Press, 2019: 356.

❷ STEPHAN P E, EHRENBERG R G. Science and the university [M]. Madison: The University of Wisconsin Press, 2007: 23.

既是解决大学经费短缺问题的内在需要,也是大学社会功能多元化的表现。而多元的投资结构,以及与投资相伴生的多元化社会要求,意味着大学不仅要继续担当提供"公共知识"的传统使命,而且要把"为社会服务"作为自身的重要使命,并在两者之间寻找新的均衡。❶ 虽然联邦政府削减大学经费对学术科学来说是痛苦的,但是政府经费的削减迫使大学不得不面向市场,使美国大学不得不面向社会办学,在舒适区之外开展技术转化等活动。❷

2. 联邦政府对大学的资助特点

联邦政府的研发投入虽然只占美国研发经费总投入的 20% 以上,但这对保持美国的科学地位起着关键作用。政府的投入主要支持以下六个方面:①近期应用前景不明的基础研究(占政府投入的大部分);②需要长期维持投入力度的研究;③超出产业部门建造或维护能力的基本研究设施;④度量和标准方面的基础设施(指那些在科技领域普遍应用并对科学进步和创新至关重要的度量和标准);⑤服务于国家重点的应用性研发以及有助于促进联邦科研成果向实际应用转化的伙伴关系建设;⑥有助于保持一流的国家科技教育水平和劳动力开发的项目。❸

联邦政府对大学的资助重点在于基础研究,占政府投入的大部分。由图 2 – 5 可以看出,1972—2022 年,联邦政府面向高校的研发经费有 60% 以上用于资助基础研究,并在 1980—2009 年有扩大的趋势,最高于 2000 年占到了 79.40%。1980 年,在联邦政府资助给大学的研发经费中,有 69.80% 的经费用于基础研究,30.20% 的经费用于应用和实验发展研究;1980—1997 年,基础研究的经费比例一直保持在 70% 左右;1998—2009 年,基础研究经费比例提高到 76% ~ 79%;2009 年,联邦政府资助大学基础研究的经费比例为 76.80%,应用和实验发展研究的经费比例为

---

❶ 李正风. 科学知识生产方式及其演变 [M]. 北京:清华大学出版社,2006:270.
❷ BERMAN E P. Creating the market university:how academic science became an economic engine [M]. Princeton:Princeton University Press,2012:162.
❸ 孙孟新. 21 世纪美国科学政策 [J]. 科学学研究,2004(6):610 – 612.

23.20%。可见,20世纪80年代以后,由于"以研究为基础的技术"的兴起以及大学科研促进经济发展的诉求,美国出现了更加重视基础研究和大学科研的新趋势,大学主要负责基础研究的职能得到了加强。从2010年开始统计口径发生变化,基础研究经费占比下降到68.50%,此后一直保持在65%左右的水平。2022年,基础研究占联邦政府资助经费的64.20%(见图2-5)。

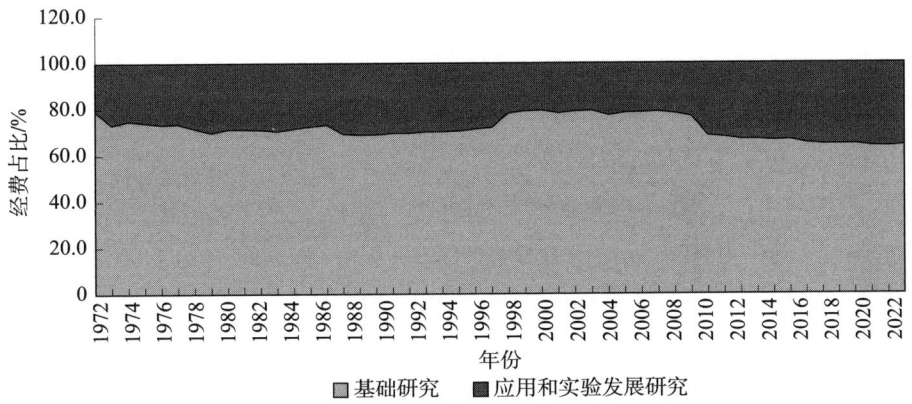

图2-5 1972—2022年美国联邦政府资助高校基础研究和应用研究比例情况

数据来源:National Center for Science and Engineering Statistics. Higher Education Research and Development Survey [EB/OL]. (2023-11-01) [2024-05-01]. https://ncses.nsf.gov/browse-library?survey=Higher%20Education%20Research%20and%20Development%20(HERD)%20Survey.

美国联邦政府的研发经费都是由联邦机构通过合同和特别项目来对大学研发活动进行支持的,如国防部(DOD)、能源部(DOE)、国家卫生研究院(NIH)、国家航空航天局(NASA)、国家科学基金会(NSF)、农业部(USDA),各大联邦机构根据各自的职能宗旨和任务目标,对不同学科领域或不同类型的研究予以支持。

"二战"期间及"二战"后,美国国防部对大学科学研究进行了大量资助。1954年,国防部对大学研发的资助占联邦政府研发资助的比例达到51.0%。然而,随着联邦政府对大学经济相关性和民用技术的强调,从20世纪六七十年代开始,生物技术革命的兴起,联邦政府加大了对生物医学的经费投入。1971年,国家卫生研究院对大学的经费资助比例在所有联邦机构中最高，为36.7%，到1981年上涨为47.0%，而后持续上升到2001年的60.5%，2004—2022年基本持续在55%左右，2022年占所有联邦机构对高校研发经费资助的56.1%。1971—2010年，对大学科研经费资助比例第二高的是国家科学基金会，2004—2010年保持在12%左右。2020—2022年，受地缘政治影响，美国国防部成为对大学科研经费资助比例第二高的联邦机构，2022年达到14.8%，国家科学基金会的占比略微减少，为11.2%（见表2-2）。20世纪80年代以来，在联邦政府各大资助机构的资助政策上，一直存在着是支持"大科学"还是"小科学"的优先抉择❶。"大科学"是指那些需要大量设备以及研究人员的科学领域，而"小科学"则相反。从当前的发展来看，"大科学"尤其是生物医学占据着优势地位。因此，美国大学在联邦政府的经费中对国家卫生研究院的经费依赖程度最高，这在一定程度上预示了大学在生物医药领域方面科研产出的优势地位。

表2-2　各联邦资助机构对大学研发的经费资助比例情况　　（单位:%）

年份	国防部	能源部	国家卫生研究院	国家航空航天局	国家科学基金会	农业部	其他
1954	51.0	32.5	N/A	N/A	1.3	5.2	10.0
1971	12.8	5.7	36.7	8.2	16.2	4.4	16.0
1976	9.4	5.7	46.4	4.7	17.1	4.7	12.0
1981	12.8	6.7	47.0	3.8	15.7	5.4	11.0
1986	16.7	5.3	49.4	3.9	15.1	4.2	8.4
1991	11.3	6.1	54.3	5.2	14.1	3.8	13.7
1996	12.1	5.0	55.3	5.5	14.5	3.1	4.5
2001	8.7	4.0	60.5	4.4	14.9	2.8	4.7

---

❶ LANE N. US science and technology: an uncoordinated system that seems to work [J]. Technology in Society, 2008, 30 (3): 248-263.

续表

年份	国防部	能源部	国家卫生研究院	国家航空航天局	国家科学基金会	农业部	其他
2004	9.6	3.7	54.7	4.3	12.6	3.0	12.2
2005	9.0	3.6	54.7	3.9	12.2	2.8	11.5
2006	9.1	3.7	56.9	3.5	11.9	2.9	9.8
2007	9.2	3.7	56.8	3.5	11.8	3.0	9.4
2008	9.9	3.6	56.3	3.4	12.1	2.9	9.2
2009	10.4	3.8	55.6	3.4	12.2	2.8	9.1
2010	12.0	4.1	56.3	3.9	12.6	2.5	8.5
2015	13.5	4.5	52.9	3.7	13.5	2.9	9.0
2020	15.3	4.4	55.0	3.8	11.7	2.7	7.0
2022	14.8	4.6	56.1	3.8	11.2	2.8	6.7

注：1954—2001年的数据为美国国家卫生研究院（NIH）的经费数据，2004年由于机构改名，数据为卫生与公众服务部（HHS）的经费数据。

数据来源：1. MOWERY D C, NELSON R R, SAMPAT B N, et al. Ivory tower and industrial innovation: university–industry technology transfer before and after the Bayh–Dole Act [M]. Stanford: Stanford University Press, 2004: 25.

2. National Center for Science and Engineering Statistics. Higher Education Research and Development Survey [EB/OL]. (2023-11-01) [2024-05-01]. https://ncses.nsf.gov/browse-library?survey=Higher%20Education%20Research%20and%20Development%20(HERD)%20Survey.

联邦项目经费的申请强调同行评议，通过以优绩为基础（merit-based）的竞争过程来进行研究经费的分配，该机制为美国研究型大学取得成功作出了贡献。大学教师在提交课题申请后，由该领域的同行进行评议后将经费授予给那些最佳的研究，这种高度选拔性的机制有利于保障大学科研的质量。然而，同行评议也不是没有争议。一些批评者认为同行评议过于保守，不可能资助到那些比较大胆的研究课题，一些高风险的课题申请由于受到低估而无法获得经费。

3. 产业界对大学的经费资助特点

美国研发经费具有多元化的特点，基础科学经费得到来自联邦政府和私营部门的共同支持。20世纪80年代以来，产业界对大学科研的经费资助增长速度很快（见图2-6）。1980—2001年，产业界对大学的资助持续上升，而后受美国经济衰退的影响从2002年开始下降，2005—2020年又恢复上涨，到2020年达到最高点。按2017年定值美元计算，1990年美国产业界对大学科研经费资助为19.10亿美元，较1980年经费（6.11亿美元）增长了2倍多；2000年美国产业界对大学科研的经费资助为29.69亿美元，较1980年增长了近4倍；2020年美国产业界对大学科研的经费资助为49.18亿美元，较1980年增长了7倍多。因此，产业界对大学的研发投入虽然比例不高，但是其增长速度快。

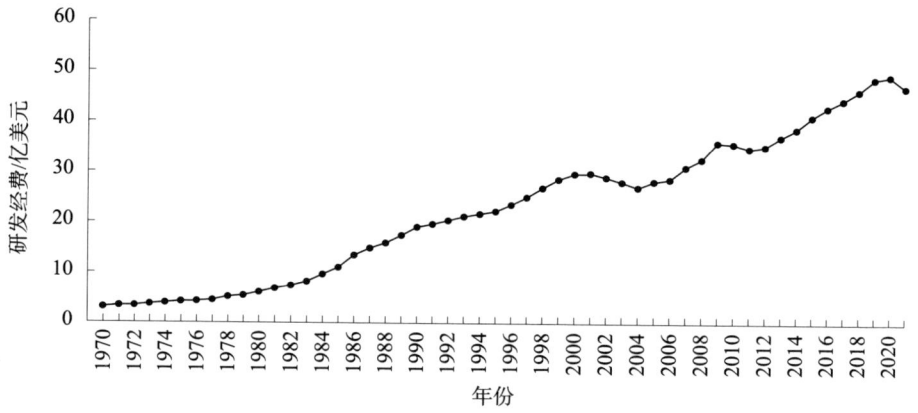

图2-6　1970—2021年产业界对大学研发经费投入变化
（按2017年定值美元计算）

数据来源：National Center for Science and Engineering Statistics. Higher Education Research and Development Survey [EB/OL]. (2023-11-01) [2024-05-01]. https://ncses.nsf.gov/browse-library?survey=Higher%20Education%20Research%20and%20Development%20(HERD)%20Survey.

产业界对大学的资助增长与联邦政策的变化也密切相关。一方面，"大学促进经济发展"的观念融入公共政策的制定内容之中，一些主要的联邦资助机构都将与产业界的伙伴关系纳入项目拨款要求之中，这也鼓励了大学和产业界更加紧密地合作，这些项目包括国家标准和技术研究院的先进技术项目、国防部的两用项目、商务部的技术再投资项目。这些项目基本上都鼓励大学创办新公司和协助小型企业开展研究。❶ 联邦政

---

❶ LANE N. US science and technology: an uncoordinated system that seems to work [J]. Technology in Society, 2008, 30 (3): 248-263.

府还对产业界进行研发投入实行减税政策。另一方面,《拜杜法案》的实施使大学能够获得联邦政府所支持的研究成果的专利权,大学专利活动和技术转化活动也日益增多,加强了大学-产业界伙伴关系。大学和产业界、创新科研和地区经济发展之间的这种紧密联系促使社会各界将促进学术科研作为经济发展战略的主要组成部分,政府官员也更加期待大学能够参与到地区经济发展计划之中。

美国还有一些非营利性质的私人基金会,是支持新知识发现和科学研究方面的重要力量。例如,全球最大的私人基金会——比尔和梅琳达·盖茨基金会的应对全球卫生挑战(Grand Challenges in Global Health)项目为科学家提供4.5亿美元的资助来为发展中国家寻找应对疾病的预防和治疗问题的办法。[1] 此后,捐赠者对跨学科研究的需求作出积极回应,推动"以研究为基础的技术"的发展。例如,博德研究所(Broad Institute)为哈佛大学和麻省理工学院的科学家的基因序列和基因芯片研究提供了强大的前沿技术支持,吉姆·克拉克(Jim Clark)对斯坦福大学的捐赠则为生物跨学科的研究和合作提供支持。除此之外,还有贝克曼基金会(跨学科研究所)、科维理基金会(纳米技术、神经科学和天体物理学),以及W. M. 凯克基金会(生物技术)。[2] 很多捐赠和政府拨款或大学拨款结合在一起,为科学前沿的研究活动提供基础设施方面的支持。外部经费来源为美国高校的经济关联提供了有力的支持,该支持注重"以研究为基础的技术"和与产业界间的合作,提供了研究需要的广泛的、昂贵的基础设施支持。

三、美国大学不同学科的研发经费情况

从不同学科的研发经费来看,美国大学各学科的研发经费普遍增长,

---

[1] THORP H, GOLDSTEIN B. Engines of innovation: the entrepreneurial university in the twenty-first century [M]. Chapel Hill: The University of North Carolina Press, 2010: 23.

[2] GEIGER R L. The quest for "economic relevance" by US research universities [J]. Higher Education Policy, 2006, 19 (4): 411-431.

1985—2022 年，按 2017 年定值美元计算，生命科学的研发经费最为庞大，是其他学科的数倍并一直处于增长率较高的状态。从 1985—2022 年的增长率来看，计算机科学增长最为迅速，计算机科学（399.82%）、生命科学（365.42%）、工程学（378.11%）的研发经费增长率都超过了 300%。工程学的研发经费逐年扩张，到 2022 年达到了 133.68 亿美元（见表 2-3）。

表 2-3　1985—2022 年美国大学不同学科的研发经费及增长率

（按 2017 年定值美元计算）　　　　　　　　　　（单位：亿美元）

学科	计算机科学	环境科学	生命科学	数学	物理学	心理学	社会科学	工程学	其他科学
1985	5.54	13.91	104.10	2.52	22.64	3.12	7.56	27.96	3.67
1995	10.19	21.41	182.09	4.16	33.70	5.54	15.23	52.53	6.36
2005	17.30	31.44	339.67	6.08	45.57	10.16	20.74	82.78	9.57
2015	20.13	33.29	397.44	6.57	47.76	12.13	23.77	113.47	11.05
2022	27.69	31.70	484.50	7.56	53.02	12.40	27.22	133.68	9.95
1985—1995 增长率（%）	83.94	53.92	74.92	65.08	48.85	77.56	101.46	87.88	73.30
1995—2005 增长率（%）	69.77	46.85	86.54	46.15	35.22	83.39	36.18	57.59	50.47
2005—2015 增长率（%）	16.36	5.88	17.01	8.06	4.81	19.39	14.61	37.07	15.46
2015—2022 增长率（%）	37.56	-4.78	21.91	15.07	11.01	2.23	14.51	17.81	-9.95
1985—2022 增长率（%）	399.82	127.89	365.42	200.00	134.19	297.44	260.05	378.11	171.12

数据来源：National Center for Science and Engineering Statistics. Higher Education Research and Development Survey [EB/OL]. (2023-11-01) [2024-05-01]. https://ncses.nsf.gov/browse-library?survey=Higher%20Education%20Research%20and%20Development%20(HERD)%20Survey.

1985 年以来，大学研发经费的增长主要是由生命科学来带动的，生命科学研发经费的数量和占美国大学研发经费的比例均呈增长态势。从研发经费的总额来看，按 2017 年定值美元计算，1985—2022 年，生命科学的研发经费从 1985 年的 104.10 亿美元增长为 2022 年的 484.50 亿美元。生命科学经费在1985—1995年的增长率为74.92%；1995—2005年的增长率为86.54%；2005—2015年的增长放缓，增长率下降为17.01%。工程学的研发经费也快速扩张，从1985年的27.96亿美元增加为2022年的133.68亿美元，研发经费水平处于第二位。计算机科学的研发经费从1985年的5.54亿美元增长为2022年的27.69亿美元，计算机科学在2015—2022年相较于其他学科表现出了较为强劲的增长，增长率达到37.56%。而环境科学和其他科学的研发经费则在2015—2022年出现负增长，经费发生一定程度的萎缩（见表2-3）。

从各学科经费占美国大学研发经费的比例来看，1985年，生命科学的研发经费占美国大学研发经费的比例为54.50%，工程学的研发经费占14.64%，物理学的研发经费占11.85%，其他各学科的研发经费所占比例均不超过10%。到2022年，生命科学研发经费占比增加为57.80%，工程学研发经费占比增加为15.95%，计算机科学研发经费占比增加为3.30%。环境科学、数学、物理学、心理学、社会科学、其他科学的研发经费占比均有所下降（见表2-4）。

表2-4 不同学科经费占美国大学研发经费比例变化情况　　（单位：%）

学科	1985	1995	2005	2015	2022
计算机科学	2.90	3.08	3.07	2.86	3.30
环境科学	7.28	6.47	5.58	4.74	3.78
生命科学	54.50	54.98	60.30	56.56	57.80
数学	1.32	1.26	1.08	0.93	0.90
物理学	11.85	10.17	8.09	6.80	6.33
心理学	1.63	1.67	1.80	1.73	1.48
社会科学	3.96	4.60	3.68	3.38	3.25
其他科学	1.92	1.92	1.70	1.57	1.19
工程学	14.64	15.86	14.70	16.15	15.95
非科学和非工程学科	m	m	m	5.27	6.02

注：m为缺失值。

数据来源：National Center for Science and Engineering Statistics. Higher Education Research and Development Survey［EB/OL］.（2023-11-01）［2024-05-01］. https：//ncses.nsf.gov/browse-library?survey=Higher%20Education%20Research%20and%20Development%20（HERD）%20Survey.

在生命科学的各分支学科——农业科学、生物科学和医药科学中，医药科学研发经费在1985—2022年的增长速度最快，按2017年定值美元计算，从1985年的45.72亿美元增长为2022年的273.02亿美元，增长了近5倍；其次是生物科学研发经费，从1985年的35.11亿美元增长为2022年的155.59亿美元，增长了3倍多；相对于医药科学和生物科学来说，农业科学的研发经费增长比较缓慢（见图2-7）。

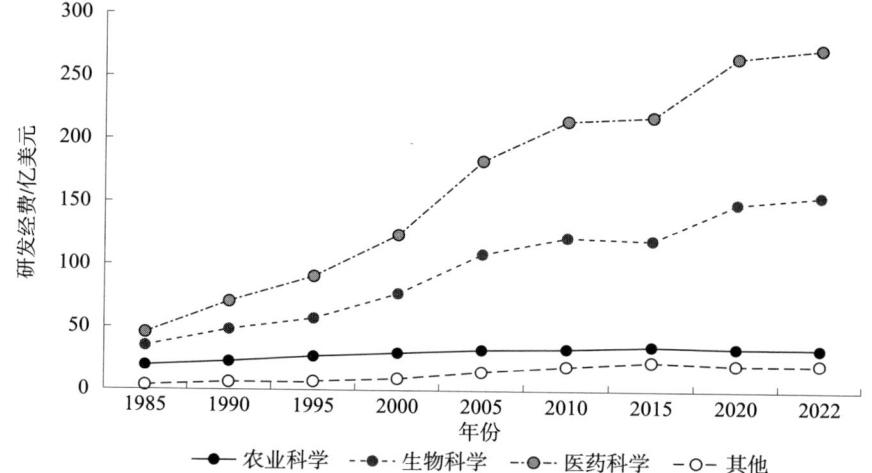

图2-7　1985—2022年生命科学分支学科研发经费增长情况
（按2017年定值美元计算）

数据来源：National Center for Science and Engineering Statistics. Higher Education Research and Development Survey［EB/OL］.（2023-11-01）［2024-05-01］. https：//ncses.nsf.gov/browse-library?survey=Higher%20Education%20Research%20and%20Development%20（HERD）%20Survey.

可见，美国研究型大学自20世纪80年代以来的研发经费增长主要是由生命科学带动起来的，这体现出了生命科学的兴起、国家科技政策对"应用性基础研究"支持的政策导向以及产业界对该领域的支持。

20世纪80年代以来，美国国家政策进一步要求"大学的经济关联性"，要求大学的科研成果能够迅速转化成为公共利益服务的技术和产品，并要求大学和产业界建立合作伙伴关系。"大学的经济关联性"是一个广义概念，指的是大学与私人领域发生直接或者间接联系的活动，例如，专利和技术许可活动，创立和孵化新企业，为产业界承担研发任务等为技术发展作出贡献的活动。尽管美国研究型大学早已涉足该领域，但是在 20 世纪 80 年代以后得到了充分表现,并在进入 21 世纪后得到强化。[1] 由于研究型大学在教学、研究的同时还要通过技术转化促进经济的发展,大学的传统职能与新职能互相强化,使大学成了知识生产的中心。随着研究型大学在知识生产中的地位日益重要,大学的研发经费不断增加,产业界也开始加大对大学科研的支持力度。

---

[1] GEIGER R L, SÁ C M. Tapping the riches of science: universities and the promise of economic growth [M]. Cambridge: Harvard University Press, 2008: 1.

第三章

美国研究型大学科研产出的主要指标

近 30 多年来美国研究型大学科研经费的增加极大地促进了研究型大学的科研产出。科研经费的增加一方面来自联邦政府，另一方面是大学自主研究的扩张而带来的产业界经费。科研经费的增加使研究型大学得以加强自身的学术核心，聘用更多高产出的教师，从而带来科研产出的进一步发展。研究型大学在科研成果的技术转化方面也有了巨大的发展，专利产出和衍生企业产出明显增加，这主要得益于生物技术的兴起与《拜杜法案》的出台。

第一节 美国研究型大学论文产出

生产公共知识是大学科研的重要职能，而衡量公共知识产出的一个重要指标就是论文产出。大学教师需要通过论文的发表来分享自己的研究成果，论文发表情况影响着大学和教师的声誉，也在很大程度上决定着该大学能够获得的科研经费的多少，很多大学都通过积极吸引论文引用次数高的科学家来本校工作以获得更多的科研经费。本书通过美国官方数据库、Web of Science 数据库了解美国大学在 1981—2020 年科技论文的产出在不同层次的大学、不同学科之间的变化情况。

一、美国研究型大学论文产出的总体情况

根据数据可获得性，美国大学论文产出总体情况的数据采集主要有两个阶段。1988—2001 年的数据来自美国国家科学基金会所提供的档案数据；2003—2022 年的美国大学论文产出数据源于《科学与工程美国各州指标》（https：//ncses.nsf.gov/indicators/states/）数据。由于统计口径发生变化，本书将这两个时间段分开进行分析。

1. 1988—2001 年美国大学科技论文产出总数变化

据统计，1988—2001 年，美国大学的论文产出在美国科技论文产出中的比例达到近 3/4，大学教师通过论文发表为美国的科技知识产出作出了极大贡献。[1] 1988—2001 年，美国大学论文产出数量从 1988 年的 12.74 万篇增长为 2001 年的 14.78 万篇，增长率为 16.01%；同期美国研究经费排名前 200 名的大学论文产出数量从 1988 年的 11.70 万篇增长为 2001 年的 13.57 万篇，增长率为 15.98%（见图 3-1）。二者增长速度基本一致的原因是前 200 名的大学论文产出数占全国大学论文产出的比例相当大，1988—2001 年，前 200 名的大学的论文产出占美国大学论文总产出的 91%~92%。[2]

2. 2003—2022 年美国大学科技论文产出总数变化

2003—2022 年，美国大学科技论文产出数量从 23.27 万篇增加为 35.40 万篇，此间，大学产出的科技论文占美国科技论文总数的比例基本保持在 60% 左右（见图 3-2）。可见，大学仍然是美国科技论文的主要贡献者。

---

[1] National Science Foundation. Changing U. S. output of scientific articles. 1988 - 2003 [EB/OL]. (2016 - 02 - 08) [2024 - 05 - 01]. https：//wayback.archive-it.org/5902/20160208160253/http：//www.nsf.gov/statistics/nsf07320/.

[2] National Science Foundation. Changing U. S. output of scientific articles. 1988 - 2003 [EB/OL]. (2016 - 02 - 08) [2024 - 05 - 01]. https：//wayback.archive-it.org/5902/20160208160253/http：//www.nsf.gov/statistics/nsf07320/.

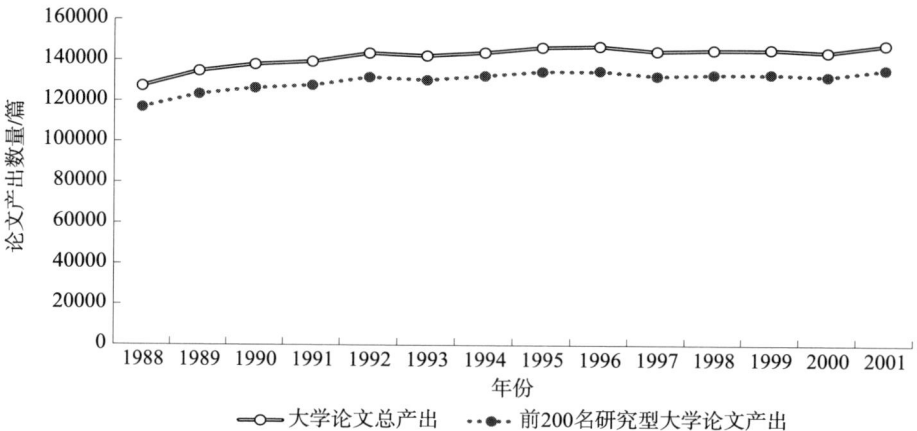

图 3-1　1988—2001 年美国大学科技论文产出总数变化

数据来源：National Science Foundation. Changing U. S. output of scientific articles：1988 – 2003 ［EB/OL］.（2016 – 02 – 08）［2024 – 05 – 01］. https：//wayback. archive – it. org/5902/20160208160253/http：//www. nsf. gov/statistics/nsf07320/.

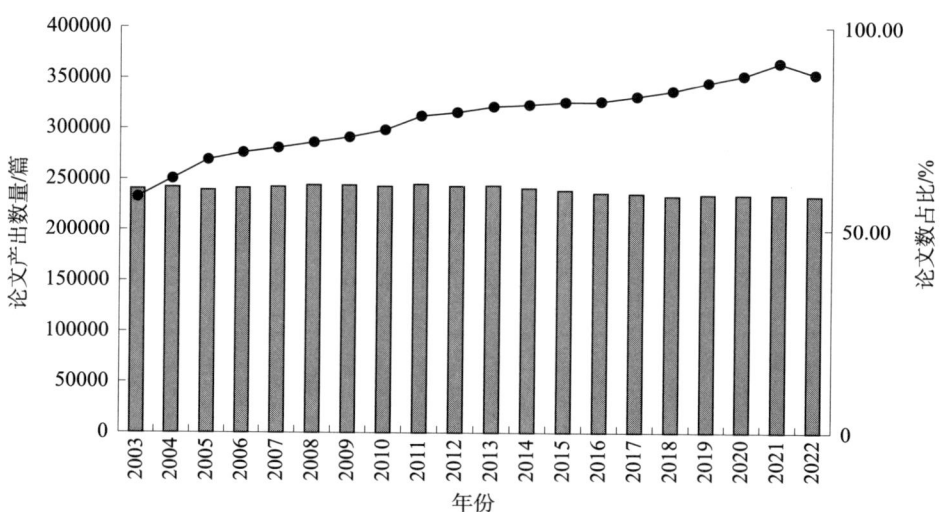

图 3-2　2003—2022 年美国大学科技论文产出总数变化

数据来源：1. National Science Foundation. Changing U. S. output of scientific articles：1988 – 2003 ［EB/OL］.（2016 – 02 – 08）［2024 – 05 – 01］. https：//wayback. archive – it. org/5902/20160208160253/http：//www. nsf. gov/statistics/nsf07320/.

2. National Science Foundation. Publications output：U. S. trends and international comparisons ［EB/OL］.（2023 – 03 – 03）［2024 – 05 – 01］. https：//ncses. nsf. gov/pubs/nsb202333/publication – output – by – region – country – or – economy – and – by – scientific – field.

3. SCIE 论文产出排名前 30 名的美国研究型大学

表 3-1 体现了美国 1981—2020 年 SCIE 论文产出排名前 30[❶]的研究型大学情况。

表 3-1 1981—2020 年 SCIE 论文产出排名前 30 名的美国研究型大学情况

大学名称	1981—1990 SCIE论文数（篇）	1981—1990 占全美SCIE论文比例（%）	1991—2000 SCIE论文数（篇）	1991—2000 占全美SCIE论文比例（%）	2001—2010 SCIE论文数（篇）	2001—2010 占全美SCIE论文比例（%）	2011—2020 SCIE论文数（篇）	2011—2020 占全美SCIE论文比例（%）
哈佛大学	35700	2.61	47394	2.90	93503	3.72	126705	3.76
密歇根大学	13426	0.98	25951	1.59	48610	1.93	80706	2.40
斯坦福大学	14780	1.08	24140	1.48	43540	1.73	77620	2.31
华盛顿大学	19506	1.43	27228	1.67	43540	1.73	75023	2.23
约翰·霍普金斯大学	9810	0.72	21568	1.32	42577	1.69	71332	2.12
伊利诺伊大学	18321	1.34	27897	1.71	47265	1.88	66527	1.98
加州大学洛杉矶分校	17659	1.29	11010	0.67	48210	1.92	66193	1.97
宾夕法尼亚大学	10591	0.77	19769	1.21	39536	1.57	63384	1.88
哥伦比亚大学	6624	0.48	14014	0.86	34058	1.35	60109	1.79
加州大学圣地亚哥分校	11232	0.82	21711	1.33	38943	1.55	59846	1.78
加州大学伯克利分校	14249	1.04	25276	1.55	42962	1.71	59719	1.77
威斯康星大学	15869	1.16	25954	1.59	43557	1.73	59627	1.77

❶ 注：按照 2011—2020 年 SCIE 论文发表数排序。

续表

大学名称	1981—1990 SCIE论文数（篇）	占全美SCIE论文比例（%）	1991—2000 SCIE论文数（篇）	占全美SCIE论文比例（%）	2001—2010 SCIE论文数（篇）	占全美SCIE论文比例（%）	2011—2020 SCIE论文数（篇）	占全美SCIE论文比例（%）
马里兰大学	10495	0.77	20862	1.28	37737	1.50	57942	1.72
明尼苏达大学	14416	1.05	24157	1.48	39630	1.58	57666	1.71
麻省理工学院	17011	1.24	21108	1.29	35572	1.41	57493	1.71
佛罗里达大学	11302	0.83	20396	1.25	37060	1.47	55121	1.64
科罗拉多大学	10948	0.80	19287	1.18	31435	1.25	54819	1.63
俄亥俄州立大学	9558	0.70	17911	1.10	32632	1.30	54728	1.63
杜克大学	8457	0.62	17106	1.05	32738	1.30	54099	1.61
匹兹堡大学	7817	0.57	16799	1.03	34587	1.38	53817	1.60
加州大学旧金山分校	10444	0.76	18513	1.13	33708	1.34	53098	1.58
北卡罗来纳大学	8530	0.62	16994	1.04	33892	1.35	51485	1.53
加州大学戴维斯分校	10240	0.75	19135	1.17	36096	1.44	50831	1.51
耶鲁大学	10562	0.77	17882	1.10	31252	1.24	49576	1.47
西北大学	7526	0.55	13881	0.85	27652	1.10	47535	1.41
康奈尔大学	15916	1.16	23488	1.44	35683	1.42	45621	1.36
得克萨斯农工大学	6982	0.51	12822	0.79	28836	1.15	44088	1.31
得克萨斯大学	26563	1.94	48789	2.99	64608	2.57	40056	1.19
佐治亚大学	6376	0.47	11488	0.70	20138	0.80	31068	0.92
芝加哥大学	1605	0.12	3792	0.23	8377	0.33	16445	0.49

资料来源：根据 Web of Science 数据库收集整理。

从这30所大学SCIE论文发表的数量来看，1981—2020年，这30所大学论文发表数均迅速增长，为科技知识和创新成果的生产作出了巨大的贡献。哈佛大学在2011—2020年的SCIE论文产出最多，为12.67万篇，较1981—1990年的3.57万篇增长了近2.55倍；SCIE论文产出第二的是密歇根大学，其在2011—2020年的SCIE论文发表数量较1981—1990年的增长率为501.12%。增长率最高的是芝加哥大学，2011—2020年发表了1.64万篇，较1981—1990年的1605篇的增长率为924.61%；增长率第二高的是哥伦比亚大学，其在2011—2020年发表了6.01万篇论文，较1981—1990年的6624篇的增长率为807.44%；增长率超过500%的还有约翰·霍普金斯大学、杜克大学、匹兹堡大学、北卡罗来纳大学、西北大学和得克萨斯农工大学（见表3-1）。

这30所大学SCIE论文产出分别占全美的比例体现出美国SCIE论文产出的集聚性。从1981—2020年的4个10年比较来看，这30所大学SCIE论文占全美SCIE论文的比例均呈逐步上升的趋势。例如，从SCIE论文占比较高的大学来看，其中，哈佛大学SCIE论文产出占全美SCIE论文的比例从1981—1990年的2.61%增加为2011—2020年的3.76%，密歇根大学从1981—1990年的0.98%增加为2011—2020年的2.40%，斯坦福大学从1981—1990年的1.08%增加为2011—2020年的2.31%，华盛顿大学从1981—1990年的1.43%增加为2011—2020年的2.23%，约翰·霍普金斯大学从1981—1990年的0.72%增加为2011—2020年的2.12%（见表3-1）。

二、不同学科科技论文产出情况

1. 研发经费排名前200名的大学科技论文的学科分布

从美国大学总体情况看，1988—2003年，临床医学方面的论文产出最高，从1988年的3.80万篇增长为2003年的4.56万篇。其次是生物医学方面的论文产出，从1988年的2.06万篇增长为2003年的2.64

万篇。临床医学和生物医学的论文产出要远高于其他学科的论文产出（见图3-3）。可见，生物医药学科方面的论文产出最高。

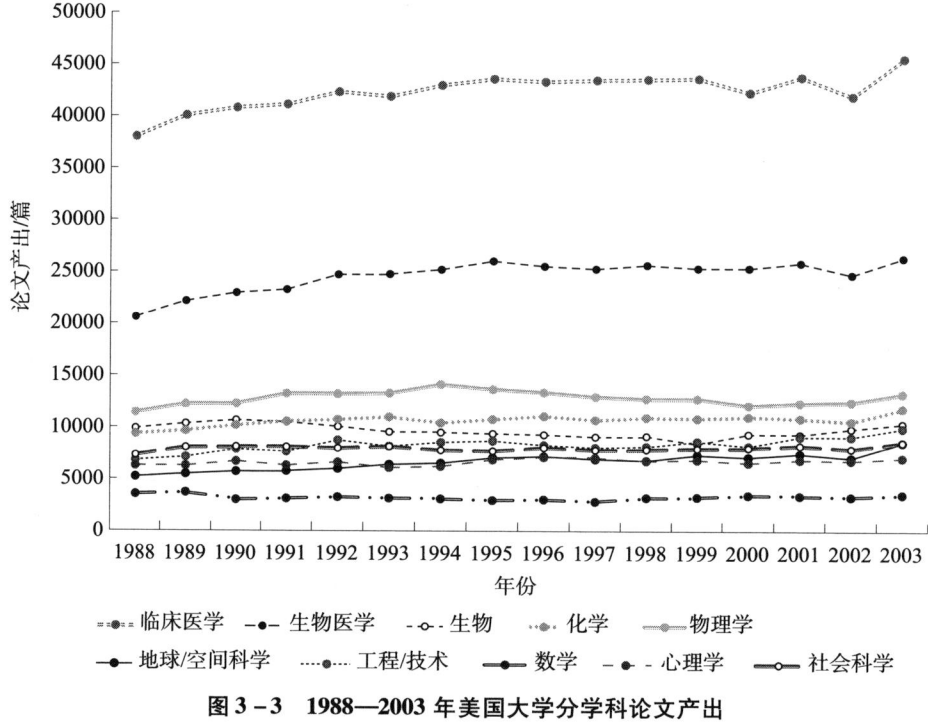

图3-3 1988—2003年美国大学分学科论文产出

数据来源：National Science Foundation. Changing U. S. output of scientific articles：1988-2003［EB/OL］.（2016-02-08）［2024-05-01］. https：//wayback. archive-it. org/5902/20160208160253/http：//www. nsf. gov/statistics/nsf07320/.

从研发经费排名前200名的大学来看，1988—2001年，论文数量产出最高的是生物科学和医学。生物科学方面的论文产出从1988年的3.13万篇增长为2001年的3.67万篇，增长率为17.25%。医学方面的论文产出从1988年的3.04万篇增长为2001年的3.61万篇，增长率为18.75%（见图3-4）。仍然是生物医学位居前列。

不同学科论文产出情况与不同类型大学的论文产出情况相一致，都是生物医学研究的论文产出速度最快，这体现出生命科学的兴起对于大学知识生产的促进作用。

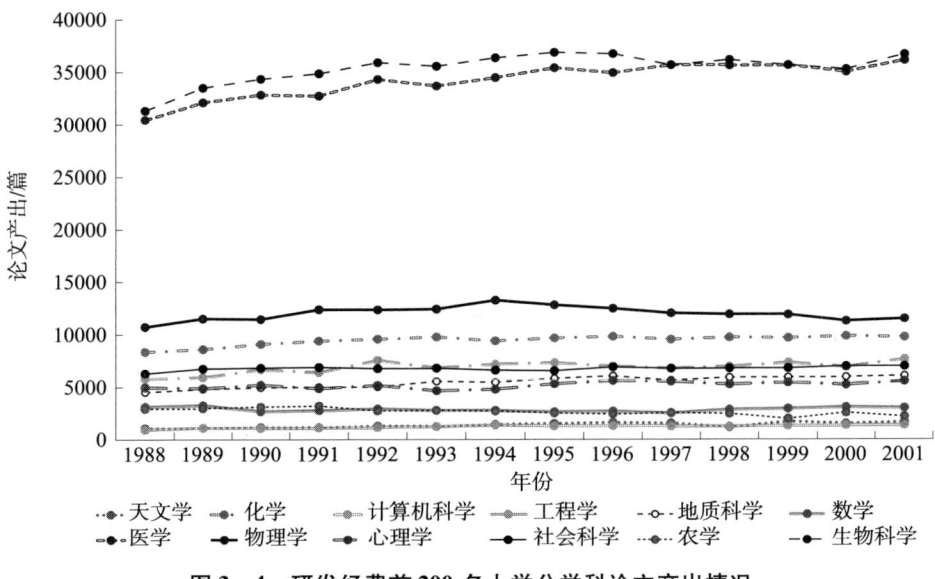

图 3-4　研发经费前 200 名大学分学科论文产出情况

数据来源：National Science Foundation. Changing U. S. output of scientific articles：1988 – 2003 [EB/OL]．（2016 – 02 – 08）[2024 – 05 – 01]．https：//wayback. archive – it. org/5902/20160208160253/http：//www. nsf. gov/statistics/nsf07320/．

2. 论文产出排名前 30 名的研究型大学科技论文的学科分布

从不同学科的论文产出来看，美国 SCIE 论文发表数最多❶的 30 所研究型大学 1981—2020 年在医药科学和生物科学这两大学科上的论文产出量最大，并且增长迅速。1981—1990 年，这 30 所大学在医药科学学科发表的 SCIE 论文为 24.42 万篇，在生物科学学科发表的 SCIE 论文 15.84 万篇；1991—2000 年，这两大领域的论文产出分别增加至 31.23 万篇和 18.47 万篇；2001—2010 年分别增加至 55.83 万篇和 31.42 万篇；2011—2020 年最高，医药科学学科发表 SCIE 论文 72.62 万篇，生物科学学科发表 SCIE 论文 34.61 万篇。工程学领域的论文产出在 2011—2020 年迅速增长，为 24.40 万篇，较 2001—2010 年的 16.07 万篇增长了 51.84%，这些产出得益于工程学领域研发经费的长期投入和增长（见图 3-5）。

---

❶ 注：按照 2011—2020 年 SCIE 论文发表数排序。

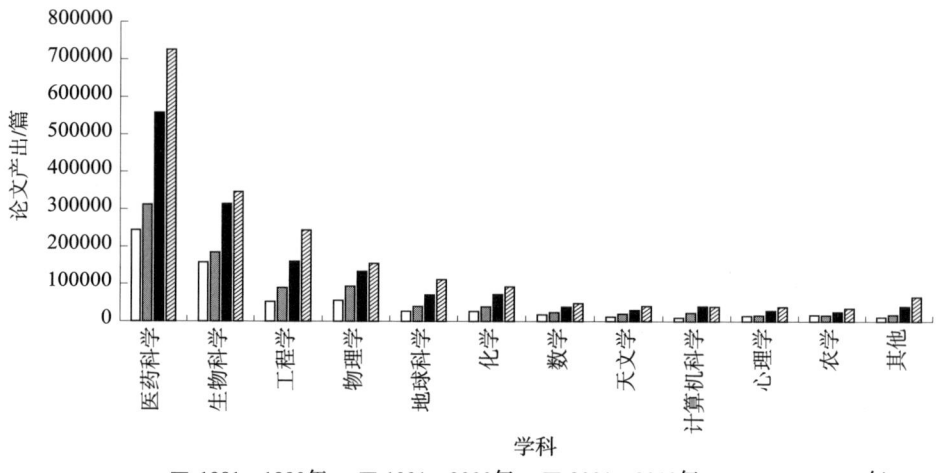

图 3-5　SCIE 论文发表数最多的 30 所研究型大学不同学科论文产出在 1981—2020 年的变化

注："其他"主要包括的是人文社会科学和专业领域。
数据来源：根据 Web of Science 数据库收集整理。

从不同学科的论文产出比例来看，各学科在 1981—1990 年，1991—2000 年，2001—2010 年，2011—2020 年四个时间段的论文产出比例划分较为稳定。医药科学的 SCIE 论文产出比例最高，始终保持在 35%～38%，生物科学的论文产出占 17%～25%，工程学的论文产出占 8%～13%；物理学的论文产出占 8%～11%；地球科学的论文产出占 4%～6%；化学的论文产出占 4%～5%；数学的论文产出占 2%～3%；天文学、计算机科学、心理学、农业科学的论文产出均占 1%～3%（见图 3-6）。包含医药科学、生物科学、农业科学在内的生命科学的论文产出的整体比例则一直保持在 60% 左右，可见生命科学的论文产出贡献与对该学科领域的巨大经费投入是匹配的。

在跨学科领域，美国 2011—2020 年 SCIE 论文发表数最多的 30 所研究型大学既在学科大类之间有学科交叉，又在学科内部有细分学科的学科交叉，增加了论文产出。在学科大类交叉的"多学科"领域产出的论文从 1981—1990 年的 1.58 万篇，1991—2000 年 1.79 万篇，继而增加为 2001—2010 年的 2.82 万篇，并在 2011—2020 年迅速增长为 8.19 万篇，可见，2011—2020 年是多学科论文的井喷时期；在学科内部，其中材料科学的多学科交叉论文产出最多，从 1981—1990 年的 7759 篇增加为 2011—2020 年的 6.10 万篇；其次是化学的多学科领域，论文产出从 1981—1990 年的 5711 篇增加为 2011—2020 年的 4.16 万篇（见图 3-7）。

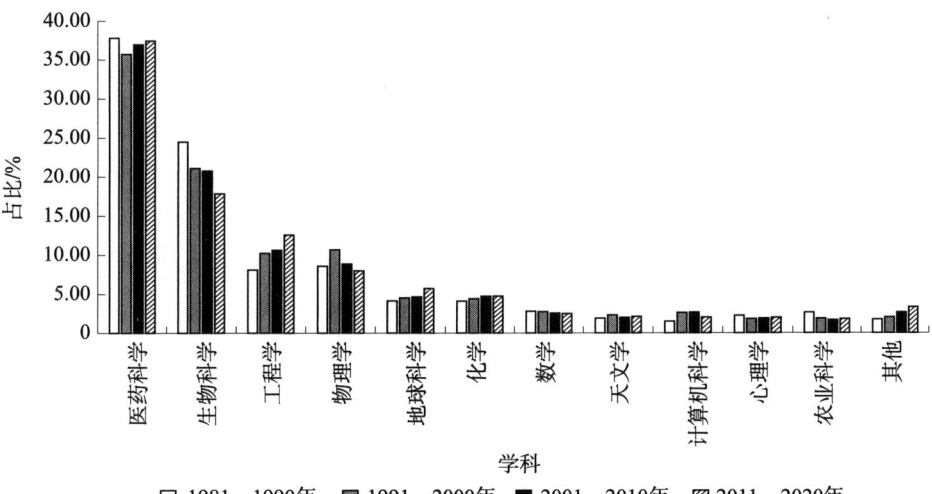

图 3-6 SCIE 论文发表数最多的 30 所研究型大学不同学科论文产出比例在 1981—2020 年的变化

数据来源：根据 Web of Science 数据库收集整理。

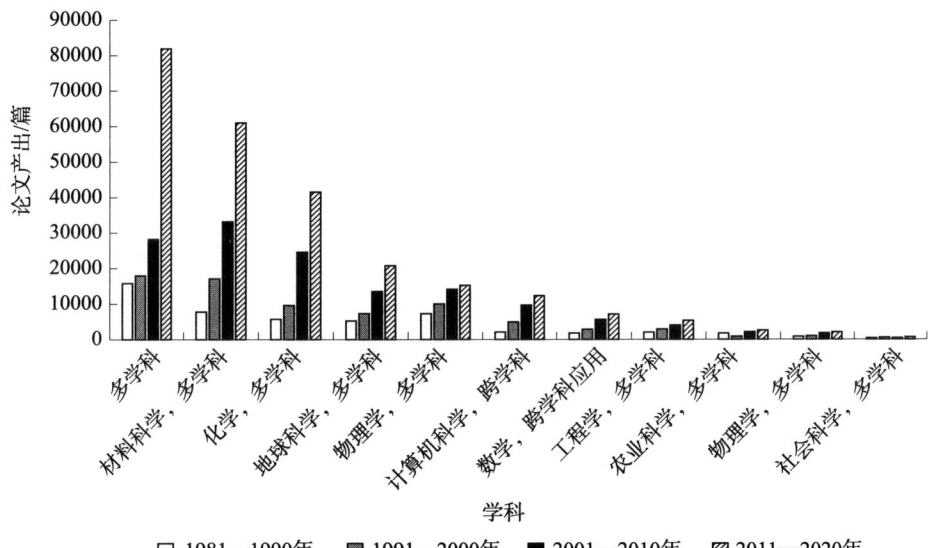

图 3-7 SCIE 论文发表数最多的 30 所研究型大学跨学科论文产出在 1981—2020 年的变化

数据来源：根据 Web of Science 数据库收集整理。

研究型大学论文产出在为知识创造作出巨大贡献的同时也促进了产业界的技术创新。詹姆斯·亚当斯研究发现产业界的产量增长同相关领域的科学论文发表量呈正相关。他还发现科研成果对经济造成的影响具有滞后性，即使是在滞后性程度相对较低的生命科学领域，其研究成果也要在一定时间之后才会对经济增长产生影响。❶

第二节 美国研究型大学专利产出

专利活动是反映美国大学在发明创造、技术转化及产学合作方面绩效的一项重要指标，由于技术转化的一些其他非常有效的方式（如学生向产业界流动以及教师参加商业咨询）难以量化，对于大学技术转化的测量主要依靠发明披露、专利申请、专利授权和技术许可这些指标，这可能导致大学科研成果的技术转化和对创新的贡献被低估。

美国大学参与专利活动在1980年《拜杜法案》出台以前就已经有很长历史，1912年科学进步研究公司（Research Corporation for Science Advancement）的成立就是为了辅助大学的专利申请。1937年，麻省理工学院与研究公司签订了第一个"创新管理协议"，标志着第三方技术转移代理机构被广泛接受。一些大学在1980年之前与研究公司签订了合同。合同的内容主要是：大学向研究公司披露可能产生专利的发明，研究公司采取最优手段为这些发明申办专利，将它们投入应用，并获取合理的收入。1925年，威斯康星校友研究基金会获得威斯康星大学所捐赠的维生素D专利而成立，研究基金会最重大的任务是经营与管理学校的技术转移，并把盈余交回大学。在1970年以前，只有麻省理工学院、威斯康星大学以及加州大学等少数几所大学管理其自身的专利活动，后来越来越多的大学开始成立自己的技术许可办公室，包括斯坦福大学（1970）

---

❶ STEPHAN P E, EHRENBERG R G. Science and the university [M]. Madison：The University of Wisconsin Press，2008：7.

和哈佛大学（1977）。[1]

《拜杜法案》的实施使专利和技术许可活动成为大学的责任，于是越来越多的大学参与到技术转化活动之中并建立了技术转化办公室（见图3-8）。1983—1996年，美国大学技术转化办公室的建立最为积极，每年最少有5所大学建立技术转化办公室，1985年，有10所大学建立技术转化办公室。到2010年后，有超过150所美国大学设有技术转化办公室，雇用约2000名员工，每年提交超过10000份新专利申请。[2] 可见，《拜杜法案》实施以后，各大学开始积极回应，开展专利和许可活动，促进知识向产业界的转化。

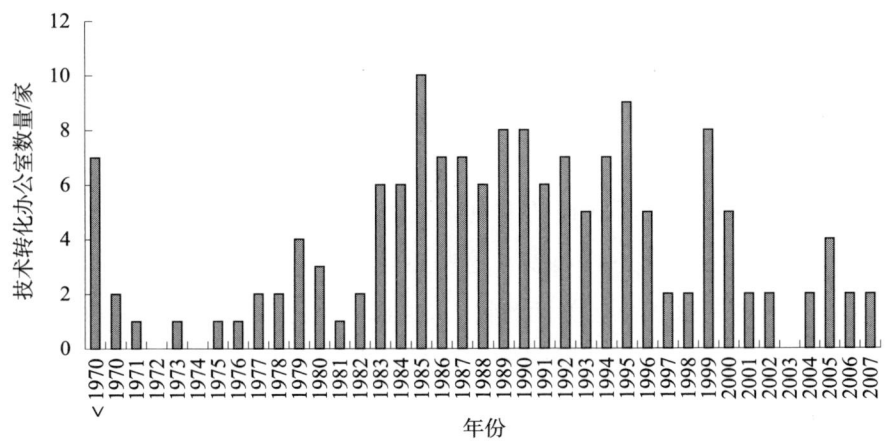

图3-8 美国大学新技术转化办公室创立时间

数据来源：AUTM. U. S. Licensing activity survey：FY2007 [R/OL]. (2008 - 12 - 30) [2023 - 01 - 01]. https：//autm. net/surveys - and - tools/surveys/licensing - survey/archived - licensing - surveys.

图3-8也同时体现了很多美国大学早在《拜杜法案》出台以前就开始扩充它们的专利和技术许可活动，在产业界对学术研究成果的兴趣加大从而提高资助的情况下，大学也期待在开辟新收入来源的同时推动某些具有应用价值的领域（如生物技术、计算机软件）的学术基础研究的

---

[1] GEIGER R L, SÁ C M. Tapping the riches of science：universities and the promise of economic growth [M]. Cambridge：Harvard University Press，2008：32.

[2] BERMAN E P. Creating the market university：how academic science became an economic engine [M]. Princeton：Princeton University Press，2012：6.

发展，只是20世纪70年代美国大学专利、许可、许可收入以及独立的技术转移办公室的增长没有20世纪80年代之后那么迅速。

一、大学从事专利和技术许可活动的价值

美国大学进行专利和技术许可活动有以下目标：①获得许可收入；②保持或扩大产业研究支持；③促进地区经济发展；④保留大学教师；⑤促进技术商业化。但是大学管理人员应当认识到，教学和科研是大学的核心任务，而技术转化和许可活动只是次要任务。❶ 专利权给大学提供了一种动力，使它更加努力地在实验室中发现有价值的创见。这种努力，一方面，会加速知识转化成实用性成果或方法的速度；另一方面，可获得新的收入来源，以增加学术研究的经费。❷

由于1973年科恩-博耶专利的授权，斯坦福技术许可办公室通过授予非排他性技术许可所获得的专利费达每年1万美元，还要加上占销售额0.5%～3%的延展性许可费。这些专利最终带来了成百上千的许可买入者，为该校带来了2亿美元的收入。到20世纪70年代末，一种大学知识产权商业化的新范式开始显现，这种新范式有着以下特点：第一，科恩-博耶专利是从分子生物学领域的基础研究中直接获得的；第二，首次出现为研究工具或技术申请专利的现象；第三，生物专利作用强大，并非人人都可以创造此类发明，因此这些专利具有巨大的商业价值；第四，科恩-博耶的发明通过三种方式挖掘了其商业价值，包括技术许可费、延展性许可费和创办企业，具有深远意义。❸ 这种范式使几十所大学纷纷效仿，有的大学获得了成功。20世纪80年代，耶鲁大学的两名教员

---

❶ MOWERY D C, NELSON R R, SAMPAT B N, et al. Ivory tower and industrial innovation: university–industry technology transfer before and after the Bayh–Dole Act [M]. Stanford: Stanford University Press, 2004: 189–190.

❷ 德里克·博克. 走出象牙塔：现代大学的社会责任 [M]. 徐小洲, 陈军, 译. 杭州: 浙江教育出版社, 2001: 175.

❸ GEIGER R L, SÁ C M. Tapping the riches of science: universities and the promise of economic growth [M]. Cambridge: Harvard University Press, 2008: 33.

取得突破性进展，开发出了艾滋病治疗药物 Zerit 并获得了一项专利，为该大学赚取了 2.5 亿美元。20 世纪 90 年代初，佛罗里达州立大学的一位化学教授开发了一种突破性的抗癌药物，他的方法获得的技术许可费最终为该大学带来了 3.5 亿美元的收入❶。对于这些大学来说，教师的发明申请专利和技术许可成了重要的新收入来源。在州政府对大学研发经费投入比例减少、大学急切地寻求其他经费来源的情况下，专利收入对州政府经费的减少进行了补充。

二、美国大学专利产出的整体情况

1. 美国大学专利授权数

1980 年《拜杜法案》出台以前，美国大学专利授权数还不到 400 项。❷《拜杜法案》出台之后，美国大学专利数迅速增加，1988 年达到 833 项，1999 年进一步增至 3704 项，达到 1988—1999 年的最高点。2000—2009 年，美国大学专利授权数稳定在 3000 多项。自 2010 年开始，美国大学专利授权数进一步迅速增长，从 2010 年的 4515 项增加为 2020 年的 7841 项。2022 年，美国大学专利授权数为 6650 项（见图 3-9）。从 1991—2020 年不同时间段的专利授权数增长率来看，1991—2000 年的增长率为 148.97%，2001—2010 年的增长率为 28.78%，2011—2020 年的增长率为 77.68%。可见，1991—2000 年是美国大学专利授权发展最为迅速的时期。值得注意的是，该增长趋势与同时期产业界对大学研发经费的投入变化趋势相一致。1980—1999 年，美国产业界对大学研发经费的投入比例持续上涨，到 1999 年达到最高点，而后在 2001—2008 年有所下降。可见，产业界对大学经费投入的情况对大学专利活动存在着明显影响。

---

❶ BERMAN E P. Creating the market university: how academic science became an economic engine [M]. Princeton: Princeton University Press, 2012: 94.
❷ BERMAN E P. Creating the market university: how academic science became an economic engine [M]. Princeton: Princeton University Press, 2012: 95.

从美国大学专利授权数占全美国内专利授权数比例来看，1970 年以前，大学每年获得授权的专利不到 200 项，仅占全美专利授权数的 0.500%；❶ 1988 年，该比例就超过了 2.00%，此后稳步增长到 1999 年的 4.41%。2010—2020 年，美国大学专利授权数占全美国内专利授权数的比例从 2010 年的 4.19% 上升为 2022 年的 4.97%（见图 3-9）。该份额整体不高体现出了专利活动对于美国大学来说还不属于主要活动，对于大部分大学来说，专利活动只占其诸多职能中一个很小的份额。尽管份额不大，但该图也体现出了 20 世纪 90 年代以来美国大学对于专利活动的日益重视。

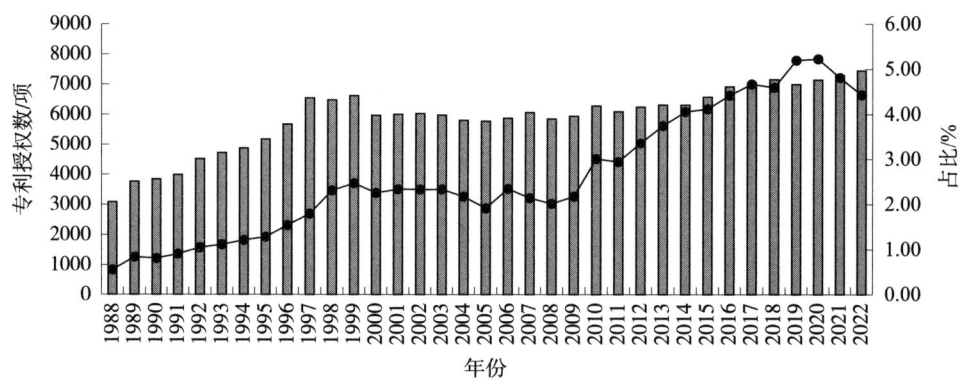

图 3-9 美国大学专利授权数及占比情况

数据来源：1. U. S. Patent and Trademark Office. U. S. colleges and universities utility patent grants, calendar years 1969-2012：unconsolidated listing of all college and university assignees and their associated annual patent counts [EB/OL]．(2015-07-01) [2023-01-02]．https：//www. uspto. gov/web/offices/ac/ido/oeip/taf/univ/org_gr/all_univ_ag. htm.

2. National Science Board. The state of U. S. science and engineering：science & engineering indicators 2024 [EB/OL]．(2024-03-01) [2024-05-10]．https：//ncses. nsf. gov/pubs/nsb20243/assets/nsb20243. pdf.

3. U. S. Patent and Trademark Office. U. S. Patent statistics chart calendar years 1963-2020. [EB/OL]．(2021-05-01) [2023-01-01]．https：//www. uspto. gov/web/offices/ac/ido/oeip/taf/us_stat. htm.

美国大学专利活动的增加，一方面体现了《拜杜法案》的出台促使大学发明者申请发明专利日益增多，整体上促进了美国大学的专利活动；

---

❶ GEIGER R L. Knowledge and money：research universities and the paradox of the marketplace [M]．Stanford：Stanford University Press，2004：216.

另一方面，也归功于基础科学特别是分子生物学在 20 世纪七八十年代的迅速发展，这一发展主要是因为自 20 世纪 60 年代开始，联邦政府对生物医学研发经费的支持力度加大，提供了良好的科学基础设施，产业界对生物医学的兴趣也增大。❶ 1968—1970 年美国研究型大学的专利产出中，非生物医学专利增长了 90%，而生物医学专利增长了 295%。❷

2. 不同学科的专利产出

大学的专利总体数量并不能够完全体现大学专利活动的真实发展情况，因为不同学科领域的专利活动是存在明显差异的。1988—2008 年，在美国大学专利产出中，有三大技术领域占据主导位置，包括化学（占专利总数的 19%）、生物技术（占专利总数的 15%）、制药（占专利总数的 14%）。排在这三大技术领域之后的是半导体和电子学（占专利总数的 6%）、测量和控制设备（占专利总数的 5%），以及电子通信（占专利总数的 4%）。生物技术与制药同属生物医药领域，二者专利产出数占大学总专利数的 29%。化学、生物技术和制药这三大领域的专利数占美国大学专利总数的比例在 1988 年为 42%，1999 年该比例上升为 54%，2008 年回落为 45%。在所有二十九大技术领域中，与生物医药相关的领域包括生物技术、制药、医学电子学、医疗这四大领域。生物医药领域的专利总数占美国大学专利总数的比例在 1988 年为 36%，到 1999 年达到最高点为 44%，而后回落到 2008 年的 32%。❸ 因此，生物医药领域对于美国大学专利产出的贡献最大。

1988—2008 年，美国大学在化学领域获得的专利数从 1988 年的 142 项增长为 1999 年的 658 项，达到最高点，而后略微下降为 2008 年的 588

---

❶ MOWERY D C, NELSON R R, SAMPAT B N, et al. Ivory tower and industrial innovation: university–industry technology transfer before and after the Bayh–Dole Act [M]. Stanford: Stanford University Press, 2004: 182.

❷ LIBECAP G D. University entrepreneurship and technology transfer: process, design, and intellectual property [M]. London: Elsevier, 2005: 53.

❸ National Science Foundation. Science and engineering indicators: 2010 [EB/OL]. (2016–02–10) [2024–01–02]. https://wayback.archive-it.org/5902/20160210151754/http://www.nsf.gov/statistics/seind10/appendix.htm.

项，21 年间的增长率为 314%；生物技术领域的专利数从 1988 年的 83 项增长为 1999 年的 748 项，达到最高点，而后下降为 2008 年的 400 项，21 年间的增长率为 382%。生物技术领域 1998—2001 年在所有学科领域中专利产出最多；制药领域的专利数从 1988 年的 112 项增长为 1999 年的 589 项，达到最高点，而后下降为 2008 年的 394 项，21 年间的增长率为 252%。与前三大领域的专利数大起大落的态势形成对比的是，其他七大领域的专利数基本呈平稳上升态势（见图 3-10）。

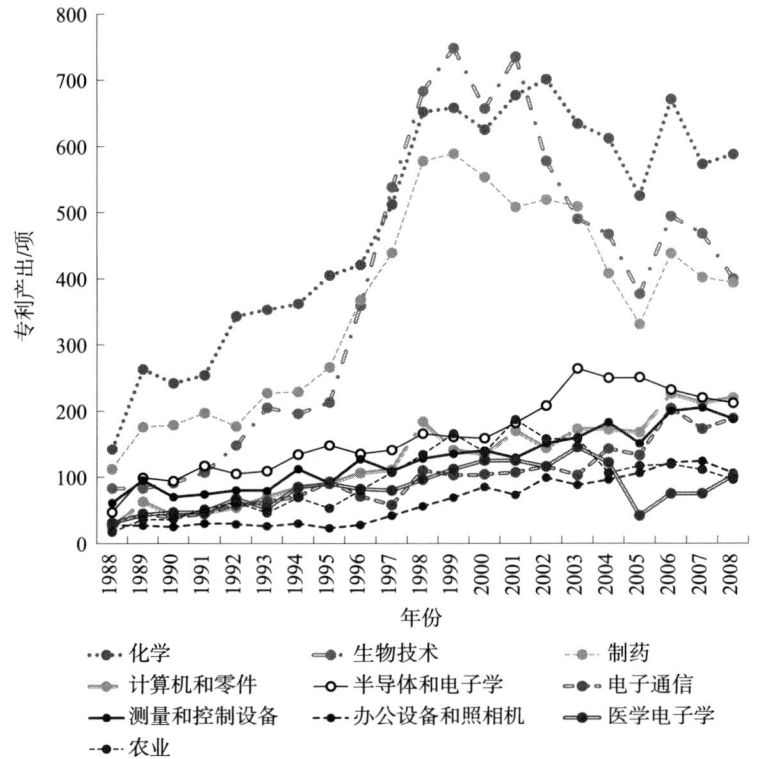

图 3-10　美国大学专利产出最多的十个学科的专利产出情况

数据来源：National Science Foundation. Science and engineering indicators：2010［EB/OL］. (2016-02-10)［2024-01-02］. https：//wayback.archive-it.org/5902/20160210151754/http：//www.nsf.gov/statistics/seind10/appendix.htm.

一项针对生物科技领域的专利活动研究表明，在 2002—2006 年取得 100 项以上生物科技领域专利的 24 个机构中，有 11 个机构为美国大学

(见表3-2);而企业占少数,为10个。❶ 并且,从事生物科技的公司有很多都是基于大学实验室中的研究发现建立起来的,在以后的发展中也和学术界保持着密切的关系。

表3-2 11所取得100项以上生物科技
领域专利的美国大学(2002—2006年)   (单位:项)

排名	大学名称	专利数
1	加州大学系统	543
2	得克萨斯大学	277
3	约翰·霍普金斯大学	154
4	斯坦福大学	148
5	哥伦比亚大学	137
6	宾夕法尼亚大学	133
7	佛罗里达大学	132
8	杜克大学	110
9	威斯康星大学校友研究基金会	102
10	密歇根大学	100
11	麻省理工学院	100

资料来源:Science Business. Output of biotech patents from academics is outpacing corporates [EB/OL].(2007-05-07)[2024-04-12]. https://sciencebusiness.net/news/72276/Output-of-biotech-patents-from-academics-is-outpacing-corporates#:~:text=Output%20of%20biotech%20patents%20from%20academics%20is%20outpacing%20corporates,-07%20May%202007&text=When%20it%20comes%20to%20biotech,entirely%20limited%20to%20the%20US.

3. 专利最多的30所研究型大学的专利产出情况

专利活动在各个高校之间的分布并不均衡。表3-3显示了美国专利产出最多的30所研究型大学1988年以前以及1990—2010年每五年的专利授权变化情况。从专利授权数量来看,这30所大学在1990年的专利总

---

❶ Science Business. Output of biotech patents from academics is outpacing corporates [EB/OL].(2007-05-07)[2024-04-12]. https://sciencebusiness.net/news/72276/Output-of-biotech-patents-from-academics-is-outpacing-corporates#:~:text=Output%20of%20biotech%20patents%20from%20academics%20is%20outpacing%20corporates,-07%20May%202007&text=When%20it%20comes%20to%20biotech,entirely%20limited%20to%20the%20US.

数为 650 项，到 2010 年增长到 2379 项，21 年间的增长率为 266.00%，其中 1990—2000 年的增长率为 173.54%，2000—2010 年的增长率为 33.80%，1990—2000 年也是这 30 所大学专利产出的快速发展时期，与全美大学专利发展的总体情况一致。从这 30 所大学的专利产出占全国所有大学专利产出的比例来看，该比例从 1988 年以前的 53.07% 持续增长到 2005 年的 61.15%（见表 3-3）。可见，同论文产出一致的是，专利产出也向顶部的 30 所大学集聚，同时论文产出多的大学与专利产出多的大学具有一致性。

表 3-3 美国专利产出最多的 30 所研究型大学的专利授权数变化情况

（单位：项）

排序	大学名称	1988 年以前	1990 年	1995 年	2000 年	2005 年	2010 年
1	加州大学系统	546	63	213	434	388	349
2	麻省理工学院	835	109	104	113	136	174
3	斯坦福大学	282	36	54	103	90	155
4	加州理工学院	306	30	38	103	101	134
5	得克萨斯大学	96	56	89	89	90	122
6	威斯康星大学	290	16	51	66	77	136
7	约翰·霍普金斯大学	151	15	28	72	71	71
8	康奈尔大学	172	34	36	49	41	74
9	密歇根大学	47	27	30	69	71	78
10	哥伦比亚大学	22	16	18	51	57	77
11	宾夕法尼亚大学	42	19	25	31	43	77
12	明尼苏达大学	154	38	25	46	36	34
13	艾奥瓦州立大学	259	30	37	34	13	25
14	纽约州大学系统基金会	58	20	31	54	24	61
15	佐治亚理工学院	81	18	21	38	42	67
16	伊利诺伊大学	25	7	12	26	34	85
17	华盛顿大学	26	7	17	59	32	74
18	哈佛大学	50	23	14	26	26	47
19	密歇根州立大学	39	7	15	42	24	39
20	杜克大学	34	7	20	33	25	42

续表

排序	大学名称	1988年以前	1990年	1995年	2000年	2005年	2010年
21	北卡罗来纳州立大学	21	14	30	24	39	34
22	南加州大学	78	6	6	15	31	60
23	斯克里普斯研究院	0	0	36	36	29	33
24	普渡大学	175	15	10	11	25	51
25	西北大学	68	5	17	17	18	58
26	马里兰大学	8	4	21	24	22	52
27	纽约大学	42	14	14	24	14	59
28	佛罗里达大学研究基金会	0	3	8	14	40	42
29	匹兹堡大学	47	11	13	38	18	30
30	宾夕法尼亚州立大学研究基金会	0	0	16	37	29	39
	30所大学专利产出总数	3954	650	1049	1778	1686	2379
	30所大学专利产出占全国所有大学专利产出的比例（%）	53.07	53.54	54.49	56.35	61.15	54.74

数据来源：U. S. Patent and Trademark Office. U. S. colleges and universities utility patent grants, calendar years 1969－2012: unconsolidated listing of all college and university assignees and their associated annual patent counts ［EB/OL］.（2015－07－01）［2023－01－02］. https：//www. uspto. gov/web/offices/ac/ido/oeip/taf/univ/org_gr/all_univ_ag. htm.

加州大学系统在专利产出上的数量最高，这是因为该数据是将加州大学的9所分校❶作为一个整体来计算其专利产出的，如果将其按照分校计算，那么应当是麻省理工学院的专利产出最高。1991—2000年，加州大学系统的专利授权数为2401项，占同时期美国大学专利授权总数的10.52%；2001—2010年，加州大学系统的专利授权数为3658项，占同时期美国大学专利授权总数的11.18%。❷

在1988年以前专利授权数超过100项的研究型大学有10所，它们分

---

❶ 注：加州大学系统现共有10所分校，其中加州大学默塞德分校（Unveristy of California - Merced）成立于2005年，因此在2005年之前还未有专利产出。

❷ 注：根据U. S. Patent and Trademark Office 数据测算。

别是加州大学系统、麻省理工学院、加州理工学院、斯坦福大学、威斯康星大学、约翰·霍普金斯大学、康奈尔大学、明尼苏达大学、艾奥瓦州立大学以及普渡大学。

对于那些在1980年《拜杜法案》出台以前就开始从事专利活动的大学来说，如加州大学系统、斯坦福大学和麻省理工学院，它们在《拜杜法案》出台以前就已经有相当数量的专利和许可产生，因此，《拜杜法案》的意义对于这些高校来说显得没有那么重大。但是，《拜杜法案》出台以后，这些高校也进一步加强了对教师发明的技术转化，专利数量也有了明显的增长。如加州大学系统的专利授权数从1990年的63项增长为2010年的349项，增长率为453.97%；斯坦福大学的专利授权数从1990年的36项增长为2010年的155项，增长率为330.56%；麻省理工学院的专利授权数从1990年的109项增长为2010年的174项，增长率为59.63%（见表3-3）。

《拜杜法案》对于1980年以后开始开展专利和技术许可活动的大学来说影响更为重大，如哥伦比亚大学，它在1975—1980年的专利产出数少于10项，而到了20世纪90年代，它已经成了专利许可活动的引领者之一。[1] 根据表3-3，哥伦比亚大学1988年以前的专利产出授权数为22项，远远落后于其他研究型大学；而到了2000年，哥伦比亚大学的专利授权数增长为51项，2005年为57项，2010年达到77项，跻身于高专利产出研究型大学的行列。同样受到积极影响的还有伊利诺伊大学、华盛顿大学、马里兰大学、斯克里普斯研究院和宾夕法尼亚州立大学研究基金会（见表3-3）。

---

[1] MOWERY D C, ZIEDONIS A A. Academic patent quality and quantity before and after the Bayh-Dole act in the United States [J]. Research Policy, 2002, 31 (3): 399-418.

三、与专利相关的技术转化活动

1. 美国大学发明披露情况

根据美国大学技术经理人协会（AUTM）的调查，1991—2020 年，获统计的美国大学❶教师发明披露数从 1991 年的 4613 项增加为 2020 年的 24945 项，30 年间增长了 4.41 倍，其中 1991—2000 年的增长率最高，为 145.50%（见图 3-11）。平均来看，教师发明披露数从 1991 年的平均每所大学 62 项增至 2000 年的平均每所大学 76 项，继而增至 2010 年的平均每所大学 119 项，到 2020 年，平均每所大学教师发明披露数为 153 项，其中，2000—2010 年增长最快，增长率为 56.58%（见图 3-12）。教师发明披露总数和平均每所大学发明披露数增长率较高的时间区间不同，这是因为 1995 年之后，更多的大学参与到发明披露活动中来。

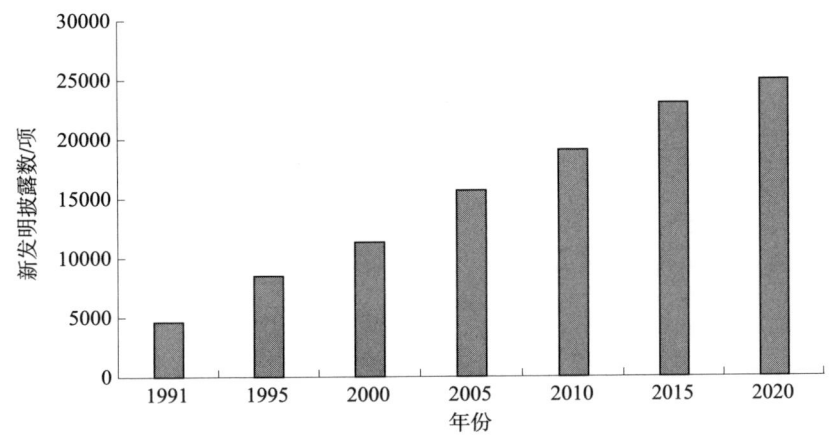

图 3-11　1991—2020 年美国大学新发明披露数

数据来源：AUTM. STATT Database ［EB/OL］．（2022-03-12）［2024-05-10］．https：//autm.net/surveys-and-tools/databases/statt/．

---

❶ 注：发明披露数据方面，1991 年获统计的大学数为 75 所，1995 年获统计的大学数为 136 所，2000 年为 150 所，2005 年为 164 所，2010 年为 160 所，2015 年为 173 所，2020 年为 163 所。

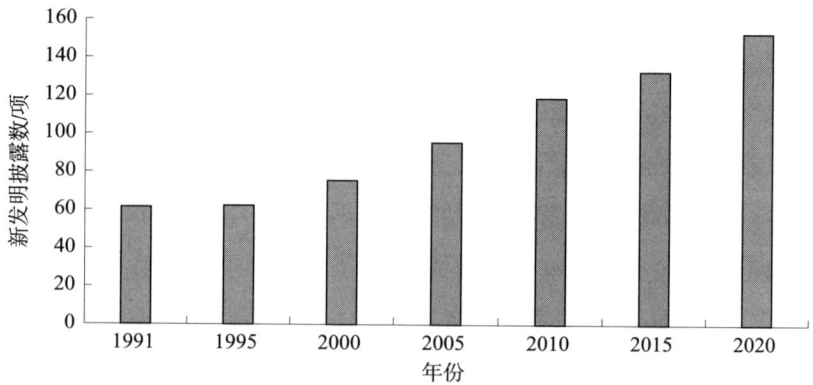

图3-12 1991—2020年美国平均每所大学新发明披露数
数据来源：AUTM. STATT Database［EB/OL］. （2022-03-12）［2024-05-10］. https：//autm.net/surveys-and-tools/databases/statt/.

从发明披露的学科类别来看，根据对加州大学系统的技术转移办公室的调查，在1992—1997年的发明披露数中，生命科学、医疗、医药门类占到了所有发明披露数的75%，然后依次为电子学、软件学和通信（三者共占10%~12%），化学（3.5%）。❶ 这种分布一方面体现了大学科研与产业界研发之间的联系，另一方面体现了不同产业中专利保护的重要程度。医药产业的研发成本高、产品周期长，容易受到抄袭，每个产品所涉及的专利较少，因而专利保护的重要性高；与之形成对比的半导体和电子软件产业则是产品周期短并融合了多项专利发明，专利保护的重要性相对较低。❷

2. 美国大学技术许可情况

（1）技术许可数

大学在获得发明专利后，将技术许可给企业是实现技术转化和获得技术许可收入的一条最常见途径，对于大学技术转化办公室来说，技术许可工作是优先工作，他们招募的技术许可对象主要是各种规模的企业。

---

❶ National Research Council of the National Academies. Managing university intellectual property in the public interest［M］. Washington, D.C.：National Academies Press, 2011：20.

❷ National Research Council of the National Academies. Managing university intellectual property in the public interest［M］. Washington, D.C.：National Academies Press, 2011：21.

技术许可活动能够促进大学专利技术付诸应用,从而使公众受益,同时为大学带来额外收入。

从技术许可总数来看,1991—2020 年,获统计的美国大学[1]所授予的技术许可数呈增长态势,1991 年,获统计的 73 所美国大学所授予的技术许可数为 993 项,1995 年 134 所美国大学的技术许可数为 2244 项,2000 年达到 3786 项,而后美国大学签署的技术许可数持续上升,2020 年许可数为 9005 项。1991—2020 年这 30 年间技术许可数增长了 8.07 倍(见图 3-13)。

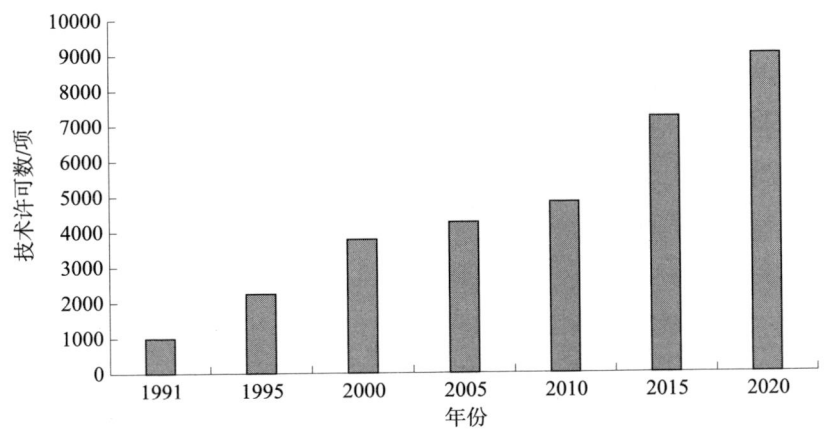

图 3-13　1991—2020 年美国大学技术许可数

数据来源:AUTM. STATT Database[EB/OL].(2022-03-12)[2024-05-10]. https://autm.net/surveys-and-tools/databases/statt/.

从技术许可授予的对象来看,大学技术许可的授予对象主要有三种类型的企业:衍生企业、大型企业、小型企业。由于《拜杜法案》规定大学应将技术许可权优先发放给在国内进行开发和制造的小企业和公司,美国大学的技术许可首先授予给小型公司,其次是大型公司,最后是衍生企业。授予给小型企业的技术许可数从 1999 年的 1610 项(占总量的 51.0%)上升为 2007 年的 2150 项(占总量的 50.0%);授予给大型企业

---

[1] 注:技术许可数据方面,1991 年获统计的大学数为 73 所,1995 年获统计的大学数为 134 所,2000 年为 149 所,2005 年为 162 所,2010 年为 155 所,2015 年为 169 所,2020 年为 163 所。

的技术许可数从1999年的1176项（占总量的37.0%）上升为2007年的1383项（占总量的32.2%）；授予给衍生企业的技术许可数从1999年的387项（占总量的12.0%）上升为2007年的764项（占总量的17.8%）。衍生企业所获得的技术许可数占技术许可总数的比例增长了5.8个百分点，而小型企业和大型企业所占比例有所下降，大型企业所占比例下降幅度较大（见图3-14）。2019年，美国大学共签署了近8000项新的技术许可，其中19%是与大学衍生企业签署的，还有59%是与小型企业签署的。❶

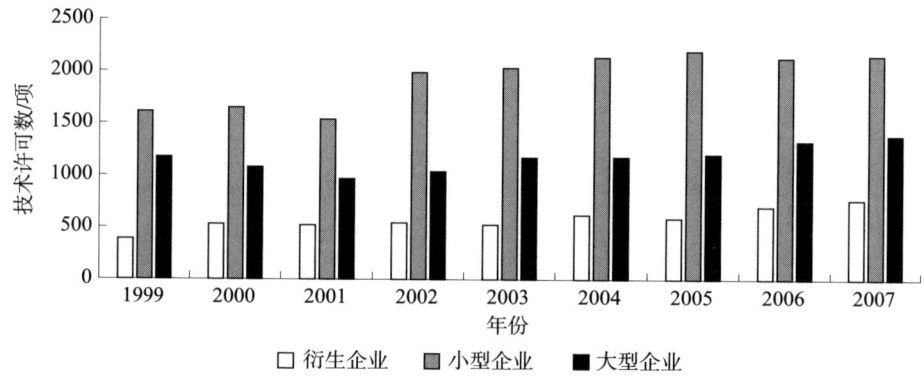

图3-14 美国大学向不同类型企业授予的新技术许可数

数据来源：AUTM. U. S. Licensing activity survey：FY2007［R/OL］.（2008-12-30）［2023-01-01］. https：//autm. net/surveys-and-tools/surveys/licensing-survey/archived-licensing-surveys.

从技术许可的类型来看，技术许可可分为排他性许可和非排他性许可。美国大学所授予的技术许可大多数为非排他性许可，1999—2007年，排他性技术许可的数量从1999年的1553项（占总量的50%）增加到2007年的1619项（占总量的43%），而非排他性技术许可的数量从1999年的1566项（占总量的50%）增加到2007年的2165项（占总量的57%），排他性技术许可数占技术许可总数的比例减少了7个百分点，而非排他性技术许可数占技术许可总数的比例增加了7个百分点（见图3-15）。

---

❶ National Science Board. The state of U. S. science and engineering：science & engineering indicators 2024［EB/OL］.（2024-03-01）［2024-05-10］. https：//ncses. nsf. gov/pubs/nsb20243/assets/nsb20243. pdf.

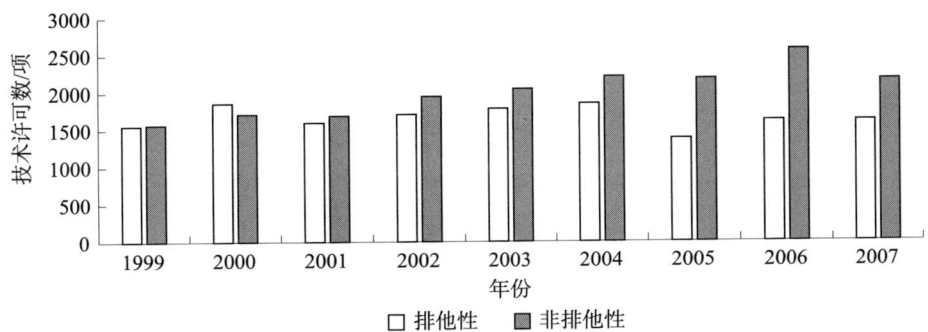

图 3-15　美国大学所授予的排他性和非排他性许可数

数据来源：AUTM. U. S. Licensing activity survey：FY2007［R/OL］.（2008-12-30）[2023-01-01]. https：//autm. net/surveys-and-tools/surveys/licensing-survey/archived-licensing-surveys.

从技术许可活动在各科研和技术领域的分布来看，技术许可活动高度集中于生命科学领域，尤其是医疗和生物技术方面。2009年北卡罗来纳大学和伊利诺伊大学香槟分校对技术转化办公室的调查表明，在66个回应调查的技术转化办公室中，生命科学领域的专利许可活动占所有专利许可活动的52.5%，然后依次是材料科学（占总量的11.9%），软件科学（占总量的9.3%），电子科学（占总量的7.5%），化学（占总量的4.0%），工程学和其他分别占9.3%和5.4%。许可活动在不同高校间的分布也不一样，有6所设医学院的大学和1所不设医学院的大学报告表明生命科学占到了它们许可活动的100%。❶

（2）技术许可收入

1991—2020年，大学技术许可所带来的收入呈增长态势，1991年获统计的美国大学获得了1.25亿美元的技术许可收入，1995年增加为3.08亿美元，1995—2000年技术许可收入迅速增加到11.15亿美元，2000之后平稳上升，2020年达到20.90亿美元（见图3-16）。2022年，162所美国大学的技术许可收入急剧上升为34.60亿美元，主要原因是新冠疫情

---

❶ National Research Council of the National Academies. Managing university intellectual property in the public interest［M］. Washington，D. C.：National Academies Press，2011：20.

进一步刺激了生命科学的发展。2022 年，宾夕法尼亚大学由于研发出新冠疫苗获得了 13 亿美元的技术许可收入。❶

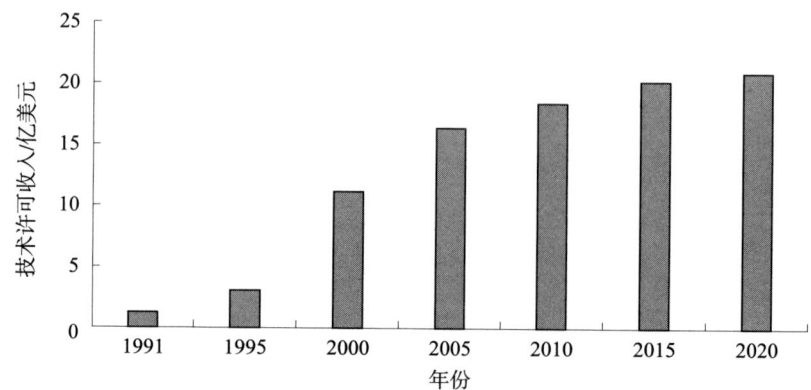

图 3-16　1991—2020 年美国大学技术许可收入情况

数据来源：AUTM. STATT Database ［EB/OL］. （2022-03-12）［2024-05-10］. https：//autm. net/surveys-and-tools/databases/statt/.

有的大学从技术许可中赚取了大量收入，2022 年，获统计的 162 所大学中，美国许可收入超过 1000 万美元的大学有 45 所，除宾夕法尼亚大学获得的巨额收入外，许可收入超过 1 亿美元的有：埃默里大学达到 2.79 亿美元，哈佛大学达到 1.52 亿美元，纽约大学达到 1 亿美元。❷图 3-17 显示了 AUTM 统计美国 100 多所大学❸1995—2020 年技术许可收入的分布情况。技术许可收入超过 1000 万美元的大学在 1995 年仅有 6 所，而到 2010 年则达到了 35 所，2015 年和 2020 年保持在 34 所和 37 所，技术许可收入超过 1000 万美元大学的数量占获统计大学数量的比例从 1995 年的 4.44% 增加为 2000 年的 12.75%，继而增加为 2010 年的 22.29%，并在此后保持同等水平（见图 3-17）。这体现出研究型大学在

---

❶　AUTM. STATT Database ［EB/OL］. （2022-03-12）［2024-05-10］. https：//autm. net/surveys-and-tools/databases/statt/.

❷　AUTM. STATT Database ［EB/OL］. （2022-03-12）［2024-05-10］. https：//autm. net/surveys-and-tools/databases/statt/.

❸　注：技术许可收入数据方面，1995 年统计大学数为 135 所，2000 年为 149 所，2005 年为 160 所，2010 年为 157 所，2015 年为 168 所，2020 年为 160 所。

2010年后成果转化效能显著提高，对经济社会的贡献显著增强。

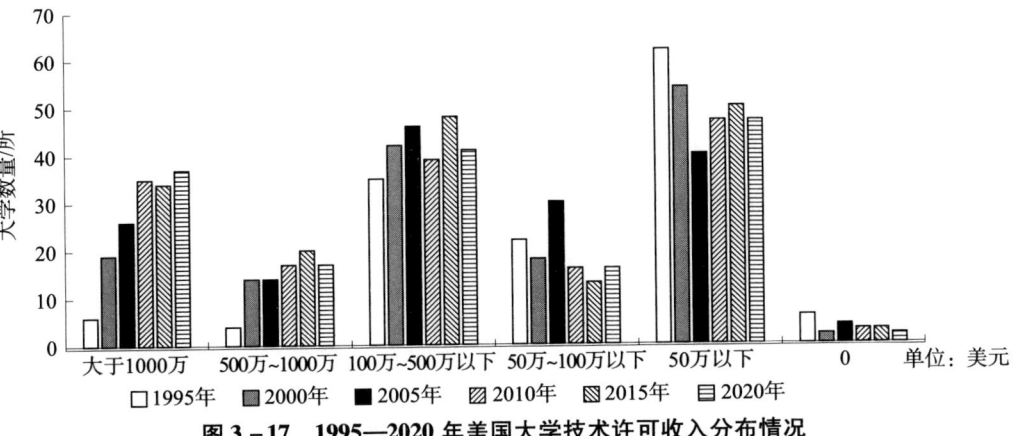

图 3-17 1995—2020 年美国大学技术许可收入分布情况

数据来源：AUTM. STATT Database [EB/OL]. (2022-03-12) [2024-05-10]. https://autm.net/surveys-and-tools/databases/statt/.

并非每项技术许可都能够带来等额的许可收入，许可收入在50万美元以下的大学在1995年占比达到了45.93%，尽管大学许可收入增加，在2010—2020年也仍然保持在30%左右的比重。技术许可收入在同一所大学的分布也不均衡，大多数许可收入来自很小比例的大学和发明成果。例如，2007年，纽约大学的许可收入在所有大学中居于首位，达7.94亿美元，然而这一庞大的收入主要源于一种在商业上取得成功的药物所带来的专利权使用费，而不是多种发明所带来的年专利权使用费。❶ 大多数为大学带来逾百万美元收入的发明都来自医药领域。多数发明成果（包括能够产生高社会价值的发明成果）并不带来明显的许可收入。例如，在过去的40年间，斯坦福大学技术许可办公室获得了8000多项发明披露，其中有一半发明成果获得了专利，有1/4的发明成果签署了许可协议。然而，累计产生100万美元以上专利使用费的发明不到1%。并且，斯坦福大学很多高度成功的衍生企业的创立依赖斯坦福大学的教师、职工和学生的参与，而不依托于大学所拥有的知识产权。典型的企业案例

---

❶ National Research Council of the National Academies. Managing university intellectual property in the public interest [M]. Washington, D.C.: National Academies Press, 2011: 21-22.

有思科（CISCO）、升阳电脑（Sun Microsystems）、Rambus、雅虎公司和 VMWare。❶各高校的技术转移办公室在资源、人力和收入方面也大相径庭。据调查表明，2007 财年，美国大学 59 个技术转移办公室的经费从 20 万美元到 2300 万美元不等（均值为 300 万美元，中位数为 170 万美元），雇员数量为 0 到 77 名全职员工（均值为 6.4 名）；发明披露数为 4 项到 1411 项（均值为 130.5 项）；专利申请数为 0 到 959 项（均值为 82 项）；获得专利授权数为 0 到 331 项（均值为 26.3 项）；发放技术许可数为 0 到 231 项；许可收入为 6000 美元到 1.36 亿美元。❷尽管许可收入分发给了不同对象（大学、学系、研究中心、实验室和发明者），它确实为大学、学系和研究者增加了研究经费。但是，在大学内部，专利和许可活动在各学系的分布情况不同，尤其集中于医学院中的少数学系和教师。❸ 对于大多数发明来说，专利申请、许可协商和知识产权保护所产生的成本超过了技术许可活动所带来的收入。❹

第三节　美国研究型大学衍生企业产出

创新集群最早可以追溯到 19 世纪末 20 世纪初的马歇尔产业区，哈佛商学院教授迈克尔·波特（Michael Porter）在 20 世纪 90 年代普及集群概念后，美国政府才开始更加明确关注创新集群。硅谷和北卡罗来纳州三角研究园等一些备受瞩目集群的出现使人们认同了创新集群能够推动创新和增长这一理念。美国联邦机构资金在硅谷（国防部支持）和波士顿

---

❶ SWAMIDASS P M, VULASA V. Why university inventions rarely produce income? Bottlenecks in university technology transfer [J]. Journal of Technology Transfer, 2009, 34 (4): 343 – 363.

❷ National Research Council of the National Academies. Managing university intellectual property in the public interest [M]. Washington, D. C.: National Academies Press, 2011: 21.

❸ AZOULAY P, MICHIGAN R, SAMPAT B N. The anatomy of medical school patenting [J]. New England Journal of Medicine, 2007, 357 (20): 2049 – 2056.

❹ THURSBY J G, THURSBY M C. University licensing [J]. Oxford Review of Economic Policy, 2007, 23 (4): 620 – 639.

128号公路（国家卫生研究院支持）等创新集群的发展中起到了重要作用。同时，由于创新集群政策一直是各州的职责，美国许多州都制定了创新集群计划和政策，州政府在促进区域创新集群的发展中也起着关键作用。由于大学能够提供区域创新所需要的技术创新知识来源和相关人才，很多创新集群都围绕着大学建立，美国大学衍生企业就在这样的环境中成长起来。

1982年《小企业创新发展法案》(*Small Business Innovation Development Act of 1982*)出台后，很多小型公司逐步成为创新的重要来源，从一些新型产业如软件、宽带以及生物技术中崛起的小企业开始在美国技术领导力中起着举足轻重的作用，承载着大学知识溢出效应，从大学获得了大部分的技术许可（2004年为70%）。这些小企业可分为三种：独立的发明者兼企业家、商业集团衍生企业以及大学衍生企业。❶ 基于创新技术所产生的大学衍生企业日益成为企业创立的新模式，它们都以科技发明为基础，由教师发明者来创立可以保障发明者的持续跟进并仍然保持着与大学实验室的密切联系。❷

一、大学创办衍生企业的价值

1. 促进经济发展

美国大学衍生企业对经济产生了重要影响，根据AUTM的报告，1980—1999年，美国大学衍生企业共产生了335亿美元的经济附加值。❸ 也就是说，平均每家衍生企业产生了约1000万美元的经济价值。大学衍生企业产生的间接经济影响可能比直接经济影响更大。例如，M. 高德曼

---

❶ GEIGER R L, SÁ C M. Tapping the riches of science: universities and the promise of economic growth [M]. Cambridge: Harvard University Press, 2008: 38.
❷ GEIGER R L, SÁ C M. Tapping the riches of science: universities and the promise of economic growth [M]. Cambridge: Harvard University Press, 2008: 39.
❸ COHEN W. Taking care of business [EB/OL]. (2000-01-09) [2011-10-16]. http://www.prism-magazine.org/jan00/html/coverstory.cfm.

(M. Goldman)的研究发现,20 世纪80 年代初期在波士顿地区的72% 的高技术企业都是以麻省理工学院实验室中所开发的技术为基础建立起来的。❶ 因此,如果不是麻省理工学院和这些衍生企业,128 号公路的经济基础就不可能建立起来。另外,衍生企业还促进了地区经济的多样化,使经济更少地依赖于老工业,而这些贡献是很有价值却又难以量化的。

大学衍生企业产生了大量的工作岗位。根据 AUTM 的数据,1980—1999 年,美国学术机构共产生了 28 万个工作岗位,平均每家衍生企业产生 83 个工作岗位,超过了一般小企业所能提供工作岗位的平均数量。❷除此之外,衍生企业所产生的都是知识集中型岗位,面向受教育程度高的人群。

大学衍生企业还能够吸引私人领域对大学技术商业化进行投资,这同时也是《拜杜法案》的一大目标。因此,这一投资水平的高低也体现了大学衍生企业的价值。哥伦比亚大学的 46 家衍生企业共募集了 2.11 亿美元的私人经费,是哥伦比亚大学技术许可获得的专利费收入 900 万美元的 23.4 倍。麻省理工学院的衍生企业所吸引到的投资是其通过技术许可获得的专利费收入的 41 倍。❸

由于大部分衍生企业所从事的活动,不论是招聘、采购还是生产等,都是地区性的,因此,大学衍生企业还对地区经济具有重要价值,能够通过将大学技术转化成商业机会从而促进经济增长。新技术公司的聚集性也使衍生企业的经济影响得到了最大化,例如,开伦(Chiron)公司和基因泰克公司(Genentech)促使了旧金山湾区的生物技术集聚地的形成。大学衍生企业比获得大学技术许可的知名公司对地区经济作出的贡献更大,因为衍生企业通常设立在产生其核心技术的大学实验室附近,从而保证与

---

❶ SHANE S A. Academic entrepreneurship: university spinoffs and wealth creation [M]. Northampton: Edward Elgar Publishing Inc, 2004: 20.

❷ COHEN W. Taking care of business [EB/OL]. (2000-01-09) [2011-10-16]. http://www.prism-magazine.org/jan00/html/coverstory.cfm.

❸ SHANE S A. Academic entrepreneurship: university spinoffs and wealth creation [M]. Northampton: Edward Elgar Publishing Inc., 2004: 22-23.

发明者或大学的长期合作。例如，麻省理工学院（MIT）位于坎布里奇（Cambridge），而其林肯实验室位于另一个镇——列克星敦（Lexington），因此，该实验室衍生的企业都偏向于在列克星敦选址，而从麻省理工学院本校衍生的企业偏向于在坎布里奇选址。根据AUTM的数据，2007年新建的555家大学衍生企业中，有72%的衍生企业将企业设置在本州之内。❶ 另外，大学衍生企业还对地区经济发展带来间接影响。由于发明者在创办企业的同时也希望保持在大学的职位，大学衍生企业的创立往往鼓励风险投资者和其他支持机构也在大学附近选址。因此，大学衍生企业为支持新技术公司基础设施的创建形成了一种"磁石效应"。

2. 促进大学技术商业化

大学发明具有不确定性和初级性的特点，大学衍生企业是对其进行商业化的有效途径。这是因为知名企业不愿意对这类发明进行研发投入，即使知名企业愿意购买大学的技术许可进行开发，也是购买处于后期阶段的发明。❷ 加州大学大部分衍生企业创建的原因是知名企业不愿意获得这些技术的许可权或者知名企业未能成功地对这些技术进行商业化。有学者对哈佛大学和麻省理工学院的技术转化情况进行的个案研究发现，若不是由于衍生企业的创立，有半数发明的技术许可找不到发放对象。❸ 由于发明者通常是具备开发此项技术知识的唯一拥有者，他们必须参与到技术商业化的过程，这更加有利于将发明成功地进行商业化。

3. 帮助大学完成核心使命

在促进大学科研方面，教师的研究产出与创业活动具有正相关的关系。例如，凯伦·路易斯（Karen Louis）等的研究发现，生物科学家在

---

❶ AUTM. U. S. Licensing Survey [EB/OL]. (2012-02-05) [2020-09-10]. https://autm.net/surveys-and-tools/surveys/licensing-survey.

❷ THURSBY J G, JENSEN R, THURSBY M C. Objectives, characteristics and outcomes of university licensing: a survey of major U. S. universities [J]. The Journal of Technology Transfer, 2001, 26: 59-72.

❸ HSU D, BERSTEIN T. Managing the university technology licensing process: findings from case studies [J]. Journal of the Association of University Technology Managers, 1997, 9: 1-33.

从事创业活动中，如获得衍生企业的股权，能够促进生命科学家的科研产出。❶衍生企业还为学术研究提供经费，例如，在麻省理工学院，有的衍生企业利用小企业创新研究（SBIR）项目经费来支持大学研究，有的为大学实验室的建立提供经费，有的则为在其企业中工作并完成相关论文的博士生提供培养经费。除此之外，有利于学术创业者获得研究经费，成立衍生企业相较于向拨款机构提交项目申请更容易获得研究经费。

在留住教师方面，衍生企业能够帮助大学吸引和留住科研产出高的科学和工程领域的教师。允许教师获得衍生企业的股权能够使他们获得额外收入，大学借此提供了一种聘用和留住教师的财政机制。研究者发现，在生物科学领域，允许教师创立衍生企业是防止教师接受产业界高薪职位的有效机制。

在人才培养方面，与衍生企业之间的互动使教师了解如何创办企业，这有利于教师面向学生开展创业教育。衍生企业还帮助教师了解新技术的商业用途，不仅仅是其学术价值，大学生更愿意在私人领域工作而非成为大学研究者，因此，了解新技术的商业用途对于培养学生了解研究的实用价值相当重要。尤其是在科学和工程领域，学术研究岗位的数量本来就较少，给博士生布置一些"如何开发技术的商业价值"此类的任务能够为他们提供更多的职业机会。

4. 衍生企业有着较高的业绩

一般来说，大学衍生企业的业绩较高。例如，1980—1996年，麻省理工学院的134家新企业中，有24家新企业也就是18%已经进行首次公开募股（initial public offerings），这是美国普通创办企业的257倍。大学衍生企业比普通的新公司具有更大的上市机会，据估测，美国大学衍生企业上市率超过8%，这一数据是美国新企业平均上市率的114倍。❷

---

❶ LOUIS K，JONES L M，ANDERSON M，et al. Entrepreneurship，secrecy，and productivity：a comparison of clinical and non-clinical life sciences faculty［J］. Journal of Technology Transfer，2001，26（3）：233-245.

❷ SHANE S A. Academic entrepreneurship：university spinoffs and wealth creation［M］. Northampton：Edward Elgar Publishing Inc，2004：30.

大学衍生企业的存活率较高。在1980—2000年创办的3376家衍生企业中，68家还在运行，这一数据高于美国新公司的平均存活率。顶尖大学的衍生企业存活率更高，在1980—1996年麻省理工学院创办的134家衍生企业中，到1997年运行失败的公司只有20%。在加州大学系统中，仅有6%的衍生企业宣布破产。纽约大学在20世纪90年代创办的13家衍生企业中，有11家仍在运行。❶

大学衍生企业的利润率往往也更高。有学者通过比较16家非大学衍生企业的新兴高技术公司与29家大学衍生企业的研究发现，大学衍生企业较其他新兴高技术公司能产生更高的附加值。❷

5. 创办衍生企业为大学带来更多利润

衍生企业经常通过股权授予来购买大学的知识产权，2007年新建的555家大学衍生企业中有54%的企业与大学分享股权。❸股权较专利费能够为大学带来更多的利润，专利费只有在该技术许可成功进行商业化的情况下才能够获得，然而，研究者发现对于大学发明进行商业化具有很大的不确定性，只有20%的大学发明成功地进行了商业化。通过获得股权，大学能够比通过专利费获得较早的经济回报，因为当发明得到技术许可后，还需要长期的开发过程才能够成功进行商业化，从签署许可协议到获得收入之间需要很长的时间。相比之下，衍生企业则通常在将产品推向市场之前就上市，大学能够将其所持有的股权进行兑现。

然而，大学衍生企业获利也具有以下障碍：第一，技术发明必须获得市场的认可，越是激进的、与现有技术显著不同的发明，在市场认可上遇到的障碍越多；第二，很多初级发明在长期的开发阶段中无法保障持续的经费投入从而无疾而终；第三，发明者忙于学术事务而在管理和

---

❶ SHANE S A. Academic entrepreneurship: university spinoffs and wealth creation [M]. Northampton: Edward Elgar Publishing Inc, 2004: 31.

❷ SHANE S A. Academic entrepreneurship: university spinoffs and wealth creation [M]. Northampton: Edward Elgar Publishing Inc, 2004: 31.

❸ AUTM. U. S. Licensing Survey [EB/OL]. (2012-02-05) [2020-09-10]. https://autm.net/surveys-and-tools/surveys/licensing-survey.

市场长期预测方面能力欠缺。❶

二、美国研究型大学衍生企业的产出情况

1980—2015 年，美国基于大学技术许可创办的大学衍生企业数量为 4000 家以上。❷ 从图 3-18 可以看出，1995—2020 年，美国大学新创办的衍生企业数量呈递增趋势。1995 年，有 175 家新的衍生企业得到创建，2000 年增加为 372 家，2010—2015 年，大学衍生企业发展速度增快，从 621 家增加为 964 家。2020 年创办的衍生企业最多，为 1047 家（见图 3-18）。2022 年，美国大学新创办衍生企业 934 家。到 2020 年为止，美国仍然处于运营状态的大学衍生企业共有 6567 家。❸ 这些衍生企业体现了大学教师、职工和学生将科学知识进行商业化的程度。

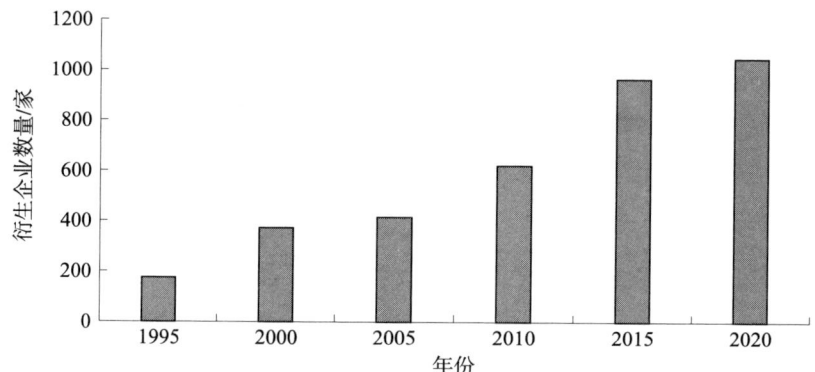

图 3-18 1995—2020 年美国大学新创办衍生企业数量

数据来源：AUTM. STATT Database ［EB/OL］.（2022-03-12）［2024-05-10］. https：//autm.net/surveys-and-tools/databases/statt/.

---

❶ GEIGER R L, SÁ C M. Tapping the riches of science: universities and the promise of economic growth ［M］. Cambridge: Harvard University Press, 2008: 39-40.

❷ AUTM. The ATUM briefing book: 2015 ［EB/OL］.（2017-12-01）［2023-09-10］. https：//www.cshl.edu/wp-content/uploads/2017/12/AUTM-Briefing-Book-2015.pdf.

❸ AUTM. Academic technology transfer in numbers ［EB/OL］.（2021-06-30）［2023-09-10］. https：//autm.net/AUTM/media/Surveys-Tools/Documents/FY20-Infographic.pdf.

尽管衍生企业创办数量在增加，但是从1995—2020年受统计年份里美国新建大学衍生企业数量的分布来看，1995—2010年，90%以上的大学在当年新建5家及以下的衍生企业；2015—2020年，这一比例下降为80%左右，整体来看，在当年新建1～2所衍生企业的大学数量最多。1995年，还没有任何大学新建20家以上的衍生企业，新建10～20家衍生企业的大学数量为2所，这两所大学为加州大学系统和麻省理工学院。到2020年，有8所大学在该年新建20家以上的衍生企业（见图3-19）。

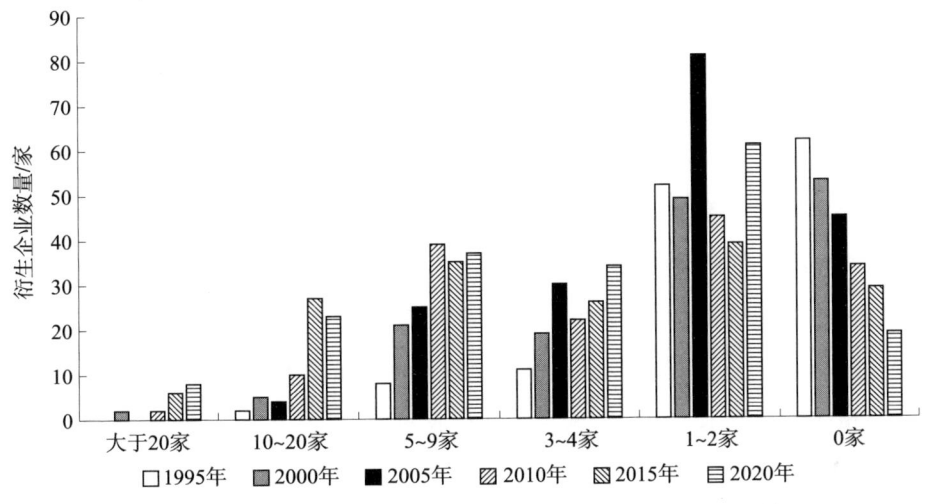

图3-19 1995—2020年美国大学新建衍生企业数量的分布情况

数据来源：AUTM. STATT Database［EB/OL］.（2022-03-12）［2024-05-10］. https：//autm.net/surveys-and-tools/databases/statt/.

2022年衍生企业创办最多的9所美国研究型大学均创办了20家以上的衍生企业，创办数最多的是斯坦福大学，共38家衍生企业；其次是科罗拉多大学，在该年份共创办了28家衍生企业（见表3-4）。

表3-4 2022年衍生企业创办最多的9所美国研究型大学

序号	大学名称	衍生企业创办数（家）
1	斯坦福大学	38
2	科罗拉多大学	28

续表

序号	大学名称	衍生企业创办数（家）
3	麻省理工学院	27
4	杜克大学医学院	25
5	宾夕法尼亚大学	24
6	哈佛大学	23
7	明尼苏达大学	22
8	亚利桑那州立大学	21
9	加州大学圣地亚哥分校	21

数据来源：AUTM. STATT Database［EB/OL］.（2022-03-12）［2024-05-10］. https://autm.net/surveys-and-tools/databases/statt/.

衍生企业在各高技术行业间的分布也是不均衡的，最为常见的行业是生物技术。1980—1996年，麻省理工学院所创办的衍生企业中有一半以上是生物技术和软件行业的企业（见表3-5）。同样，威斯康星大学在过去10年间有68%的衍生企业都属于生命科学行业，加州大学系统的衍生企业中有2/3是生物技术、药物以及医疗设备行业的公司，哥伦比亚大学的衍生企业也有一半是从事生物医学行业的。❶ 斯坦福大学的衍生企业分布在生物技术、信息技术和软件行业的也占到了55%（见表3-6）。

表3-5 麻省理工学院衍生企业的行业分布

技术领域	衍生企业数所占比例（%）
生物技术	31
计算机硬件	6
材料	11
机械设备	7
医疗设备	10
光学/激光	3
机器人	4

---

❶ SHANE S A. Academic entrepreneurship: university spinoffs and wealth creation［M］. Northampton: Edward Elgar Publishing Inc, 2004: 139.

续表

技术领域	衍生企业数所占比例（%）
半导体	4
软件	23

资料来源：SHANE S A. Academic entrepreneurship: university spinoffs and wealth creation [M]. Northampton: Edward Elgar Publishing Inc, 2004: 140.

表3-6 斯坦福大学衍生企业的行业分布

技术领域	衍生企业数（家）	占比（%）
生物技术	72	35
医疗技术	34	17
计算机	2	1
电子设备	42	21
信息技术和软件	40	20
能源	3	1
未知行业	11	5
总计	204	100

资料来源：LEBRET H. Stanford university and high-tech entrepreneurship: an empirical study [EB/OL]. (2024-05-10) [2012-01-13]. https://papers.ssrn.com/sol3/papers.cfm?abstract_id=1983858.

三、衍生企业产出较多的大学特征

大学的衍生企业产出是不均衡的，知名大学更容易产生衍生企业，因为高质量的大学具有更好的人力资本。大学的创业文化以及是否实行促进技术转化的政策都对衍生企业的创建具有直接影响。大学内部的技术转化政策包括以下几个方面：

1. 允许授予排他性许可

允许授予排他性许可能够促进衍生企业活动。除非保证该技术的排他性许可权，否则创业者不愿意承担开发新技术的风险。因为非排他性许可给予了潜在竞争者获得该技术的机会，使衍生企业更难从技术开发中获得回报或完全占有收益，非排他性许可还因为投资减少而阻碍着大学衍生企业的创办。一名对麻省理工学院衍生企业进行过投资的风险投资者认为，大学实验室授予企业赞助者以非排他性许可会对该实验室创办衍生企业产生不良影响，"从商业角度来说，如果无法获得排他性许可的知识产权，那么就缺乏获得投资的基础"。❶

根据 AUTM 的报告，2000 年，授予给衍生企业的技术许可有90%是排他性许可，而授予给知名大企业的许可只有37%是排他性许可。1999年，美国大学衍生企业从大学获得了 384 项技术许可，其中有 346 项（90.1%）排他性技术许可和 38 项（9.9%）非排他性技术许可。此后，大学衍生企业所获得的技术许可数持续增加。2006 年，美国大学衍生企业共获得了 698 项技术许可，其中有 638 项（91.4%）排他性技术许可和 60 项（8.6%）非排他性技术许可（见图 3-20）。

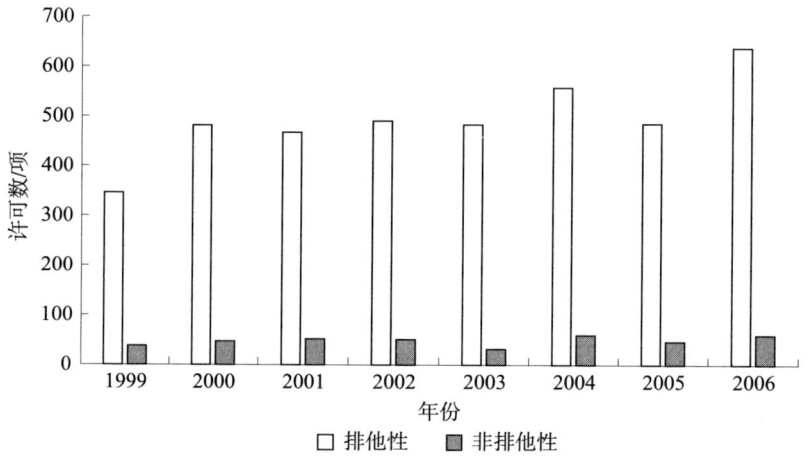

图 3-20　美国大学衍生企业所获得的排他性许可和非排他性许可数
资料来源：AUTM. U. S. Licensing Survey［EB/OL］.（2012-02-05）[2020-09-10].
https：//autm. net/surveys-and-tools/surveys/licensing-survey.

2. 从衍生企业获得股权

一些大学产出更多的衍生企业是因为它们愿意用获得股权来全部或

---

❶ SHANE S A. Academic entrepreneurship：university spinoffs and wealth creation［M］. Northampton：Edward Elgar Publishing Inc，2004：70.

者部分代替专利费以授予知识产权。大学也愿意通过获得股权代替专利费,这一方面,能够保障衍生企业保留足够的资金;另一方面,能够帮助企业获得合法性,提高企业从外部利益相关者募集资源的能力。有学者对1993—1998年美国101所大学衍生企业创办率的研究发现,允许通过获得股权授予技术许可的大学的衍生企业创办率是不允许该政策的大学衍生企业创办率的1.69倍。[1]

3. 宽松的停薪留职政策

允许聘用兼职教师和停薪留职政策有利于鼓励衍生企业的产生,因为很多学术工作者并不愿意为了创办企业而永久离开教职或者放弃终身教授的身份及稳定的薪资。一些大学在政策上不支持发明者在企业中担任负责人,不允许全职教师在企业中担任职位,或者限制教师参与企业管理;然而,也有一些大学不对教师做类似的限制。例如,斯坦福大学之所以比加州大学伯克利分校产出更多计算机科学的衍生企业,是因为斯坦福大学的停薪留职政策更为宽松。加州大学伯克利分校的教授如果想要在衍生企业中担任高管,就必须申请停薪留职,而斯坦福大学的教授则不需要离开大学。

4. 允许利用大学资源

一些大学在衍生企业利用大学资源方面政策比较宽松。卡内基梅隆大学在政策上帮助了软件业的衍生企业莱克斯(Lycos)公司的发展,并随后又支持了其他衍生企业。莱克斯公司在获得风险投资之前是在卡内基梅隆大学的计算机科学大楼中孵化的,还从大学运行经费中获得了10万美元的投资,用以购买服务器和进行营销开支。与卡内基梅隆形成对比的是,很多大学禁止教师创业者使用大学设备来进行自己公司的技术开发,这阻碍了衍生企业的产生,尤其是在州立大学,利益冲突政策限制外部人士利用大学资源。纽约大学曾经规定要想获得技术许可就必须

---

[1] GREGORIO D D, SHANE S. Why do some universities generate more start – ups than others? [J]. Research Policy, 2003, 32 (2): 209 – 227.

签署赞助研究协议，而在取消这一政策规定后，该大学产出了更多的衍生企业。❶

5. 专利费的分配

大学通过专利费获得许可收入，并与发明者及其所工作的系所共同分配该收入，三方之间的分配政策对于大学的衍生企业活动产生着影响。发明者所拥有的专利费比例越高，则衍生企业的产生率越低。因为，当发明者创立了对其发明进行开发的公司，则他就要向大学支付专利费，由于专利费是在大学、院系和发明者三方之间进行分配，若发明者在技术许可过程中的专利费比例较高，则发明者创办企业的机会成本就越高，他就越倾向于将技术许可给第三方而不是创办自己的企业。研究发现，发明者的专利费比例每增加10个百分点，衍生企业产生率就降低20个百分点❷。

6. 前种子期资金的资助

前种子期资金（pre-seed capital）是指用于推动技术开发使其达到能够吸引私人投资的资金。是否能够获得前种子期资金至关重要，因为成立公司的创业者需要将其技术进行更进一步的开发，从而发现市场需求和建立起知识产权保护，这些都就绪了以后才可能获得风险投资或天使资本的资助。佐治亚理工学院和弗吉尼亚大学都产生了较多的衍生企业，原因之一就是它们都提供研究商业化奖项以帮助发明者进行进一步的技术开发。卡内基梅隆和凯斯西储大学也为衍生企业提供10万~25万美元投资，帮助它们进行技术开发来吸引风险投资和天使资本。❸

总的来说，20世纪80年代以来美国研究型大学的科研产出呈现出以下几大特点：第一，科研产出呈增长趋势，研究型大学在知识生产中的

---

❶ SHANE S A. Academic entrepreneurship: university spinoffs and wealth creation [M]. Northampton: Edward Elgar Publishing Inc., 2004: 73.

❷ GREGORIO D D, SHANE S. Why do some universities generate more start-ups than others? [J]. Research Policy, 2003, 32 (2): 209-227.

❸ SHANE S A. Academic entrepreneurship: university spinoffs and wealth creation [M]. Northampton: Edward Elgar Publishing Inc., 2004: 75.

地位日益提高；第二，科研产出的集聚性，不论是论文产出还是技术转化活动都集聚在少数顶尖的研究型大学；第三，在各学科中，"应用性基础研究"尤其是生物技术的科研产出较高。除进行知识生产外，研究型大学也日益参与到技术转化的活动之中，这不仅促进了大学自身的科研产出，也为大学带来了额外的经费收入。

第四章

美国研究型大学科研产出的趋同性分析

分化和趋同是高等教育大众化相伴而生的现象。即便是以高等教育多样化著称的美国,也同样存在着高等院校趋同问题。❶ 马丁·特罗曾论述过分化和趋同并存的矛盾问题,高等教育的竞争一方面越来越导致多样化,另一方面又越来越导致同一性,这确实自相矛盾。一方面,由于高等教育部门内部的院校在市场竞争中取得的成果不同,这些院校变得越来越多样化。另一方面,高等院校的相互竞争,以及地位较低的院校对地位较高的院校的模仿,整个高等教育系统的差别又趋于缩小,向着名牌大学的特点和风格发展。高等院校的竞争促使第二梯队和第三梯队院校、新院校和新的高等教育部门逐渐向尖子院校的学术形式和风格、课程和办学标准方向发展,这种现象随处可见。❷ 研究型大学在科研产出上所体现出来的同形正是在共同的制度环境压力下以及研究型大学在相互竞争过程中相互模仿所造成的。

---

❶ 王占军. 高等院校组织趋同的机制研究 [D]. 北京:北京师范大学,2009:164.
❷ 伯顿·克拉克. 高等教育新论:多学科的研究 [M]. 杭州:浙江教育出版社,2001:145.

第一节　美国研究型大学科研产出的趋同性整体分析

美国大学科研产出的发展历史表明，大科学的发展是在漫长的科学世纪中发生的。为什么出现"大科学"？为什么大学在科学世纪扮演着重要角色？新制度主义者认为必须从组织与环境关系的角度去研究这些对象，组织是由其所处环境中的现象建构的，并倾向与这些现象同形。美国社会学者塔尔科特·帕森斯（Talcott Parsons）提出，20世纪初以来，随着人们受教育程度不断提高，一场不断扩大和深化的教育革命为大学在全球大科学中的作用奠定了基础，大学的经济相关性日益加深了科学知识发现与经济社会之间的平衡，重塑了大学作为知识中心的地位，而这一过程是一个"制度化"的过程。帕森斯将文化制度化比作一种社会DNA，不同文化背景的社会在有着不同的思想、观念和价值观的情况下通过不同的路径去实现着同样的大学科学知识生产的共同目标。❶ 全球大科学乃至整个知识社会的现实，都源于教育革命的文化摇篮，以及前所未有的科学研究的复杂性，而这是由大学的扩张决定的。❷ 教育革命使大学成为生产全球巨型科学的主要组织平台和资源提供者。研究型大学科研产出的趋同性是制度性的趋同，是国家创新体系中大学、政府、产业界相互作用的结果。高等教育的扩张、大学科学家的聚集、博士生数量的增加为"大科学"提供了人才基础；联邦政府的政策导向为大学科学研究提供了经费来源，州政府经费占比的减少要求大学同产业界合作获得多元经费来源，满足区域经济发展需求；产业界通过对大学研发的资

---

❶ BAKER D P, POWELL J J W. Global Mega - Science：universities, research collaborations, and knowledge production [M]. Stanford：Stanford University Press, 2024：42.

❷ BAKER D P, POWELL J J W. Global Mega - Science：universities, research collaborations, and knowledge production [M]. Stanford：Stanford University Press, 2024：46.

助，要求大学基于产业创新需求和公共利益与产业界共同合作开发新产品和新工艺。

一、强制性同形

根据制度趋同理论关于强制性同形的理论假设，一个组织场域在关键资源上依赖于某一个单位（或几个相似）的来源的程度越高，则该场域中的组织同形程度就越高；一个场域的组织与政府机构之间的交易程度越高，则作为一个整体的场域中的组织同形性程度就越高。在本研究中，美国大学特别是研究型大学对联邦政府研发经费资源的依赖程度是相当高的，资源的集中程度相当高，因而，联邦政府的政策导向对研究型大学形成的压力会导致研究型大学科研产出的趋同。

大学的科研能力取决于组织性研究单位、医学院以及学术核心的发展，学术核心可分解为以下因素：教师数量、教师用于科研的时间、设备和研究助理支持、产出和质量。这些因素都取决于大学的资源。资源丰富的大学能够吸引来多产的学者，能够为提高产出提供设备和帮助，能够减少教学任务使教师将更多的时间花在研究上。❶ 研发经费的增长为大学带来的是学术核心的增长，教师队伍的扩大势必带来研究能力的增长，反之亦然。因此，研发经费投入的增加能够相应地带动科研产出的增长。

1. 研究型大学科研投入和产出的集聚性

从对研发经费投入最高的 30 所大学和论文产出最高的 30 所大学的比较来看，有 24 所大学同时出现在两个名单之中，因而，研发经费投入较多的 24 所大学同时也是论文产出较高的 24 所大学。此外，有 21 所高校同时还出现在专利产出、研发经费投入和论文产出最高的 30 所大学名单之中。这体现出美国研究型大学科研投入和论文产出在学校层面的集聚

---

❶ GEIGER R L. Knowledge and money: research universities and the paradox of the marketplace [M]. Stanford: Stanford University Press, 2004: 146.

性，对处于金字塔最顶端的30所大学集中进行的高额经费投入带来了高的科研产出。

联邦政府的经费占美国大学研发经费的60%~70%，最好的大学对联邦政府资助的依赖甚至更高：超过1/3的最好的研究型大学从联邦政府资助中接受了超过它们获得的研究资助中的70%。❶ 由于研究型大学对联邦政府经费资源的依赖，联邦政府经费投入较高的大学其论文产出也较高，经费投入较高的学科其论文产出也同样较高。强劲的科研能力使这些大学不断获取巨额的研究经费，而充足的研究经费又为巩固研究实力提供了保障，从而形成良性循环，在这个循环中研究型大学的地位得到不断巩固和加强。❷

2. 生物医学的科研产出

20世纪80年代以来，由于美国政府对于"应用性基础研究"特别是生命科学的政策支持，直接带来了美国大学生命科学经费的增长，从而带来了生命科学领域论文产出的增长。

《拜杜法案》出台以后，美国研究型大学的技术转化活动明显增加，专利产出和技术许可活动显著增加，还有很多大学创办了高科技的衍生企业，可见，《拜杜法案》使大学申请联邦政府资助研究的专利变得容易，而且也提供了合法性基础，为大学参与到专利产出与技术许可活动中提供了财政刺激。导致大学技术转化活动趋同的制度环境因素除联邦政府的政策影响之外，还有以科学为基础的技术特别是生物医学的兴起以及产学关系的变化。

各学科中生物医学的技术转化活动产出最高。一方面是由于联邦政府对生物医学研究的经费投入最高，生物医学的科研成果最为丰富；另一方面是由生物医学自身能够迅速进行商业化的特点决定的。医药和生物医疗领域所体现出的学术研究和产业创新之间的关系，接近于"二战"

---

❶ 达里尔·E. 楚宾，爱德华·J. 哈克特. 难有同行的科学：同行评议与美国科学政策[M]. 谭文华，曾国屏，译. 北京：北京师范大学出版社，2011：196.
❷ 王占军. 高等院校组织趋同的机制研究[D]. 北京：北京师范大学，2009：151.

后万尼瓦尔·布什及很多其他美国科学政策领导者所设想的"线性创新模式",而电子学、材料学、化学等领域则体现出了大学研究和产业创新的不同互动模式。❶ 盖格认为,在生物技术领域,基础研究和商业应用有着直接的联系,劳动力之间没有大学科学家和产业科学家的区分,生物技术已经成了需要大量人员和资本投入的大科学。一项成功的创新必须解决三大障碍:第一,该发明是否能够开发成产品?第二,该产品是否能够制造出来?第三,对于该产品是否有价格适宜的市场需求?对于生物技术领域来说,第三个问题几乎不存在,由于医药产品的强大市场保障,那些能够克服前两大障碍的生物技术发明成果几乎可以保证盈利,而其他领域技术的商业价值则往往相对较少。❷

生物技术领域所导致的产学关系的制度性变化对研究型大学的技术转化活动产生影响。2006 年,医药行业的研发经费为 390 亿美元,相当于美国大学研发经费的总和。❸ 大型医药公司与大学研究之间的密切联系从 20 世纪 30 年代就已经开始了,2000 年后,共同的利益使这种联系更进一步加强,研究合同和"材料交流协议"迅速增加。研究发现,医药产业对于学术研究的依赖性最强,产业界成功进行商业化的新药物有 1/4 成功得益于大学科研。❹

大学和产业界在生物医药领域的关系与其他行业形成了对比。电气公司人士认为大学知识偶尔带来"相关性"的发明,该领域的大部分发明要依赖于非学术研究,大学对该领域技术进步的贡献主要是制造过程和产品发明背后的基础知识。信息处理设备行业的管理者认为该行业的

---

❶ MOWERY D C, NELSON R R, SAMPAT B N, et al. Ivory tower and industrial innovation: university – industry technology transfer before and after the Bayh – Dole Act [M]. Stanford: Stanford University Press, 2004: 34.

❷ GEIGER R L, SÁ C M. Tapping the riches of science: universities and the promise of economic growth [M]. Cambridge: Harvard University Press, 2008: 40 – 41.

❸ GEIGER R L. University supply and corporate demand for academic research [J]. The Journal of Technology Transfer, 2012, 37 (2): 175 – 191.

❹ MOWERY D C, NELSON R R, SAMPAT B N, et al. Ivory tower and industrial innovation: university – industry technology transfer before and after the Bayh – Dole Act [M]. Stanford: Stanford University Press, 2004: 29.

创新有 10%～15% 依赖于学术创新，其次依赖大学科研的是钢铁行业（10%），电子设备、化学产品以及钢铁产品行业有 6% 的新产品依赖于大学科研。❶

理查德·纳尔逊（Richard Nelson）和内森·罗森伯格（Nathan Rosenburg）研究了企业支持基础研究的原因。他们发现，基础研究是能够激励和促进产业界研究价值的媒介物，是帮助企业研发实验室进入相关科学领域网络的入场券。这种模式体现的是大学和产业界的传统关系。❷ 盖格也指出应当将产学合作关系的传统模式与生物技术模式相区分。传统的产学关系是一种物物交换的经济形式，而在生物技术领域，大量学术发现由于生物医疗研究的巨大公共投入而成为可能，这种强有力的补贴促进了丰富的学术研究成果的产生，从而成为推动生物资本主义（biocapitalism）的原料。❸ 例如，在物理学和工程学中，学术研究（不论是基础研究还是通用研究）都仅仅对产业研究起到提升作用，而这两者之间在根本上是相互分离的，产业界更加倾向于在自己的实验室中进行产品开发。因而产业界和大学双方各有所长，都在各自领域中对产品的开发作出贡献。而在生物技术领域，大学实验室和产业实验室中的科研相类似，产业界和大学之间不是互补关系，而是累积关系，关系越广泛深入，成果就越大。在这种情况下，要将知识生产进行内化就变得困难，获得多种外部知识资源对于研究发现来说必不可少。

3. 科学商业化

从政府政策导向来看，20 世纪 80 年代以来的科技政策要求研究型大学将其研究成果转化为商品进入市场，科研成果的商业化在政策上得到

---

❶ MOWERY D C, NELSON R R, SAMPAT B N, et al. Ivory tower and industrial innovation: university–industry technology transfer before and after the Bayh–Dole Act [M]. Stanford: Stanford University Press, 2004: 29.

❷ GEIGER R L, SÁ C M. Tapping the riches of science: universities and the promise of economic growth [M]. Cambridge: Harvard University Press, 2008: 20–21.

❸ GEIGER R L. Knowledge and money: research universities and the paradox of the marketplace [M]. Stanford: Stanford University Press, 2004: 222–226.

鼓励，从而促进了学术科学的商业化。科学商业化被埃兹科维茨视为是"革命性的"。❶ 然而这些变化并非一蹴而就，也不是独立生成的，而是大学和学术科学不断进行着的制度转型和组织转型的结果。《拜杜法案》的出台成了科学商业化的催化剂，其目的是能够通过使非营利组织（包括大学）和小企业获得联邦所支持的研究成果的专利权以促进美国的技术和经济竞争力。

从经费投入来看，由于州政府和产业界对研究型大学的科研经费投入较小，研究型大学对它们的经费整体上依赖较小。但是，由于联邦政府研发经费增速的减缓、州政府研发经费比例的减小、产业界研发经费比例和增长速度的增加，从发展趋势上来看，研究型大学在科研经费上对产业界的依赖程度增加。这总体上会影响研究型大学更加倾向于寻求其他的经费来源，如大学内部经费或私人经费来源，并且从事能够从产业界获得支持的科学研究。

"以科学为基础的技术"的兴起，特别是分子生物学或生物技术的革命将基础科学家转变为发明者和企业家。因此，制度环境的变化也导致大学自身的制度性变化。传统意义上，大学将专利活动置于活动范围之外，如今，每一所大学都有技术转化办公室，一些大学走得更远，如约翰·霍普金斯大学甚至建立了内部的风险投资基金，为具有商业潜力的研究提供资金支持，以经典传统著称的芝加哥大学创立了非营利性机构——ARCH 发展公司，负责创建以教师发明为基础的衍生企业。❷

在最能产生专利利润的生物科技领域中，科学家们都热衷于专利申请，有好几所大学一年就从重要药品的专利权中赚取上亿美元的收入。❸ 这些活动使大学越来越像营利性的公司，如果商业标准开始普遍运用于

---

❶ ETZKOWITZ H. The norms of entrepreneurial science: cognitive effects of the new university-industry linkages [J]. Research Policy, 1998, 27 (8): 823-833.

❷ SMITH W, BENDER T. American higher education transformed, 1940-2005: documenting the national discourse [M]. Baltimore: The Johns Hopkins University Press, 2008: 429.

❸ 大卫·科伯. 高等教育市场化的底线 [M]. 晓征, 译. 北京: 北京大学出版社, 2009: 232.

大学之中，则大学教育职能将会受到影响，因此，在高等教育和商业领域之间保持界限是至关重要的。

二、模仿性同形

根据制度趋同理论"模仿性同形"的理论假设，在同一场域中，一个组织的目标越模糊，则这个组织模仿另一个它认为更成功的组织的程度也就越强。由于成功的大学在科研产出方面表现出来的卓越成绩，其他的大学易于对其进行模仿，从而缩小彼此之间的差距。

1. "第二梯队"研究型大学的发展

根据第二章相关数据统计，1985年美国研发经费最多的30所大学的研发经费占全美高校研发经费的42.72%，而后在1995—2010年占比都在40%以下，这充分体现出位于前30名顶尖大学之后的"第二梯队"的研究型大学发展速度很快，切割了越来越高的研发经费份额。盖格形象地将这种现象称为"对学术领导者的诅咒"（the curse of the academic leaders），并对产生这种现象的原因进行了解释。盖格对20世纪80年代学术研究经费在院校间分配的研究发现，规模最大和排名最高的顶尖研究型大学在研究经费份额上有所下降，"第二梯队"的研究型大学的研究经费份额增长得最快，而研究能力弱的大学仍然保持现状。按定值美元计算，学术研究经费在20世纪80年代增长了70%，其中工程学（99%）和医学（89%）增长最快。❶ 除了学术研究经费的迅速增长以外，自然科学和工程学的博士生数量迅速增加，排名高的系尤其如此。这些为训练有素的科学家的培养提供了条件。同时，大学财政收入也有所增加，"第二梯队"的大学有机会提升其教师的水平，并发展研究基础设施为获得更多的研究经费取得资本。与排名最高的院系不同的是，"第二梯队"的大学有发展和扩张的空间，而大多数顶尖大学则在研究能力上已经到达

---

❶ GEIGER R L. Knowledge and money: research universities and the paradox of the marketplace [M]. Stanford: Stanford University Press, 2004: 151.

顶点，所以增长速度没有"第二梯队"的大学快。

2. 对技术转化活动的模仿

在专利产出和衍生企业方面，也同样体现了对在技术转化方面取得成功的大学的模仿。知识生产的密集性要求大学科研不仅仅是一种研究者对知识的好奇，而必须将科研成果加以应用并最终走向市场。在政府和周围环境的推动下，大学的知识生产模式开始发生转变，越来越多的研究型大学开始发展科技园、科技企业孵化器、技术转化办公室以及衍生企业，将其技术转化为产品推向市场。

那些在《拜杜法案》之前就已经开始进行技术转化活动的大学得以为整个场域制定游戏规则，而其他大学想要成功就要对其进行效仿。然而，在技术转化方面，这种模仿并不顺利，仅有少数后来者得以成功复制先行者的成功，如哥伦比亚大学、华盛顿大学以及埃默里大学，而它们取得成功的原因在于其生物医学专利的增长。❶

三、规范性同形

新制度主义者认为，制度规则成为组织获得合法性、资源、稳定性，以及提高组织生存能力的"神话"，组织制度结构与制度环境趋同。❷ 作为一个专业化程度很高的组织，大学遵守着共同的规范，包括基本的学术科学规范、同行评议制度和新建立的专利制度。

1. 学术科学规范

在学术界，从事科学研究的科学家具有共同信念、共同价值、共同规范，科学系统构成了具有自主性的自我调节的共同体。罗伯特·K. 默顿 1942 年发表的文章《科学的规范性结构》（*The Normative Structure of*

---

❶ GEIGER R L. Knowledge and money: research universities and the paradox of the marketplace [M]. Stanford: Stanford University Press, 2004: 219.
❷ 沃尔特·W. 鲍威尔，保罗·J. 迪马吉奥. 组织分析的新制度主义 [M]. 姚伟，译. 上海：上海人民出版社，2008: 54.

Science）中提出了科学研究的基本规范，包括普遍主义原则、公有性原则、无私利性原则、有组织的怀疑。❶ 这四种制度上的规范构成了现代科学的精神特质，对于这些基本规范的认同和遵守促进了美国研究型大学的知识生产和科研产出。

"普遍主义"的规范，对于科学来说能保证评价的客观性和无偏见性，也保证了人人都有平等自由进入科学事业的权利；"公有性"的规范，意味着科学家必须公开自己的研究结果，以推进后续研究活动的顺利开展，从而推动知识的进一步发展，促进更多创新成果的产生；"无私利性"的规范，意味着科学家应是正直诚实而无私利的，他进行研究或提供成果，是为人类知识增长这个深层利益，不应该有其他私人利益和动机妨碍这一目的的实现；"有组织的怀疑"，意味着科学不承认偶像，不盲从权威，一切现行的知识，无论是通过科学研究还是通过其他权威来的，都应该经受持续仔细的理性批判。❷

美国研究型大学对于基本学术科学标准的遵守促进着科学评价的客观性、科学知识的交流和共享、科学家的正直性以及科学的批判性，从根本上促进了知识的创新，从而实现了研究型大学科研产出的不断增长。

2. 同行评议制度

自万尼瓦尔·布什在《科学——无止境的前沿》中提出要对联邦资助的项目采取同行评议的方式进行公开竞争后，美国就在所有支持科学研究的联邦机构的规章制度中制定实施了同行评审程序。联邦政府要鼓励基础研究，就必须分配一定比例的拨款用于创新性、突破性的研究，这就需要开发出一个系统来对这些经费申请书进行审查，而这个系统就依赖于同行评议制度。不论是研发经费还是论文发表的竞争，研究型大学都遵循着同行评议的标准，从而导致了研究型大学在论文产出上的趋

---

❶ R. K. 默顿. 科学社会学 [M]. 鲁旭东，林聚任，译. 北京：商务印书馆，2003：358 – 376.
❷ 董金华. 科学技术与政治之间的社会契约关系 [M]. 北京：知识产权出版社，2010：127 – 128.

同性。

同行评议制度自从建立以来已经渗透到科学的组织结构和运行之中，该制度发挥着三个方面的功能："确保科学家对他们受到的公共资助负有责任；保护科学共同体的职业自治；证明科学和技术领域新成果的正确性。"❶

美国国家卫生研究院的评议过程分两个阶段：首先是由科学评审小组执行第一级的同行评审，评审小组主要由相关学科和研究领域的非联邦机构科学家组成，主要评估所申请的项目对生物医学研究领域产生的总体影响；其次是由资助机构成立的国家咨询委员会进行第二级审核，委员会要判断该研究项目是否符合机构的优先事项和公共卫生需求，然后向资助机构主任提交经费资助建议，并由机构主任作出最终的资助决定。❷ 在评审的原则上，国家卫生研究院主要考虑的因素包括：①评估提案中的研究是否填补了该领域知识方面的重要空白，是否解决了关键问题，是否创造了有价值的概念或技术进步；②评估开展研究的理由、研究的严谨性以及研究的合理性；③评估创新对该研究的重要性以及该研究是否应用了新颖的概念、方法或技术；④评估提案中的研究方法是否合理可行；⑤评估申请者的专业知识和资源。❸

国家科学基金会则通过绩优评审（merit review）进行项目评议。收到项目申请后，项目官员会先进行初步审查，确认项目申请符合要求后，基金会将确定至少三名外部审查员审查申请书，由特设审查员、专家小组或两者结合进行审查，对于有些项目还开展实地考察。而对于一些特色项目，如早期概念探索性研究拨款、跨学科科学与工程先进研究等提案仅进行内部审查。外部审查对项目的评估基于两条标准：知识价值和更广泛的影响力。具体包含五个要素：①提案中的研究活动在增进对本

---

❶ 达里尔·E. 楚宾，爱德华·J. 哈克特. 难有同行的科学：同行评议与美国科学政策[M]. 谭文华，曾国屏，译. 北京：北京师范大学出版社，2011：7.

❷ NIH. Grants & Funding [EB/OL]. （2023 – 10 – 07）[2024 – 06 – 10]. https：//grants. nih. gov/grants – process/review.

❸ NIH. Simplified peer review framework [EB/OL]. （2023 – 12 – 08）[2024 – 06 – 10]. https：//grants. nih. gov/policy – and – compliance/policy – topics/peer – review/simplifying – review/framework.

领域或跨领域的知识和理解，对于造福社会和形成社会期望的成果方面有何潜力？②该研究活动在多大程度上提出并探索了创造性、原创性或潜在变革性的概念？③该研究活动的计划是否合理且有充分的理由，是否设计了用于评估研究活动进展和成效的机制？④个人、团队或组织开展该研究活动的资质如何？⑤无论是通过所在组织还是通过合作，该研究者是否有足够的资源支撑该研究活动？❶

对于大学科学家来说，出版物已成为科学奖励和资源分配系统的核心，"出版或出局"已经成为普遍共识。科学出版物运用同行评议制度进行审查，"期刊同行评议"是通过在作者、编辑和评议人之间有关一篇文章的质优、范围、风格、方法、基本内容和知识主张等建立一种独特的、正式的协商，在作出发表决策方面确立一种共同的兴趣，该制度为科学共同体设置了出版规则，促进了交流、声望的分配和认可研究结果的真实性。❷ 因此，在现有的制度压力下，研究型大学在论文出版上遵循着一整套同行评议体制，从而使论文产出呈现出一些趋同性特点。

3. 专利制度

20世纪80年代以来，大学除了传统的知识生产职能以外，又有了技术转化的职能，因而，新的制度规范需建立起来。80年代以前，大学通常不能为由政府出资进行的发明创造申请专利，原因是既然用的是公共资助，那么高等教育就不应该从这些研究成果中获得经济利益，这些成果是公开的，任何人都可以使用。❸ 大学担心直接介入专利与技术许可活动可能会损害公共科学的承诺和传播知识的使命。❹ 但是，由此造成的结

---

❶ NSF. Chapter III：NSF proposal processing and review [EB/OL]. (2024-01-25) [2024-06-10]. https://new.nsf.gov/policies/pappg/24-1/ch-3-proposal-processing-review#a-merit-review-principles-and-criteria-af2.

❷ 达里尔·E. 楚宾, 爱德华·J. 哈克特. 难有同行的科学：同行评议与美国科学政策 [M]. 谭文华, 曾国屏, 译. 北京：北京师范大学出版社, 2011：77-79.

❸ 大卫·科伯. 高等教育市场化的底线 [M]. 晓征, 译. 北京：北京大学出版社, 2009：232.

❹ 大卫·古斯通. 塑造科学与技术政策：新生代的研究 [M]. 李正风, 等, 译. 北京：北京大学出版社, 2011：46.

果是，大学实验室里产生的伟大成就常常得不到产业界的重视和利用。

《拜杜法案》的出台使大学进行专利和技术许可活动成为公众所认可的行为，该法案成了美国大学专利产出的分水岭。大学的专利产出还受到基础科学尤其是分子生物学自身的进步的影响。很多研究型大学的专利产出得到扩大，尤其是在生物医学领域增长最为明显。

《拜杜法案》的效应之一是规范性，通过支持大学介入专利与技术许可，它减轻了介入专利与技术许可的商业行为的有关声誉代价的担心。对于大学而言，获得发明的所有权并通过技术许可活动促进这些发明的商业开发成了学术机构的行为惯例。因此，自20世纪80年代以来，美国大学对知识产权的拥有数量和管理层次明显上升，尽管私人企业所拥有的专利数超过大学，但是大学专利数在这一时期的增长率要高于私人企业的专利数。

第二节　美国公、私立研究型大学科研产出的趋同性分析

美国公立研究型大学和私立研究型大学在很多方面正在趋同，这是因为所有大学都受经济、社会和技术变革力量的影响。公立大学和私立大学必须为争夺生源、教师和资源而相互竞争，尤其在著名的研究型大学中，教师的竞争促使公立大学和私立大学在终身教职和晋升职务等人事政策上趋于一致。学术项目和专业项目由同样的机构评审和认定，这就鼓励它们在学术贡献和学术文化上达成一致。事实上，在描述教学、研究、服务以及扩大教育机会等任务时，私立大学与公立大学的差别越来越小。❶

---

❶ 詹姆斯·杜德斯达，福瑞斯·沃马克. 美国公立大学的未来［M］. 刘济良，译. 北京：北京大学出版社，2006：24.

一、美国公、私立研究型大学趋同的背景

1. 州政府财政支持的减少

20 世纪 80 年代以前,高等教育经费在很大程度上依赖于州和地方政府,80 年代以后,由于公众对税收的抵制,各级政府的税收越来越有限,高等教育与政府其他优先事项如公共卫生、基础教育、预防犯罪等共同竞争时力量变弱,这使公立大学所获得的州和地方政府财政支持减弱。1976—1977 学年,高等教育支出占加利福尼亚州政府预算的 18%,但到 2016—2017 学年,高等教育经费已降至 12%。加州大学受州财政经费削减影响尤为显著,该校每名全时当量学生所获得的州政府经费从略高于 23000 美元降至约 8000 美元❶。

随着州财政支持的日益减少,公立大学对非公共资金的依赖越来越大。大学必须通过多项策略筹集经费,包括获得私人捐赠、提高学杂费、获得研究和技术发明奖金、从衍生企业赚取利润、与企业团体签署合同、以高学费招收国际学生等。大多数的公立大学广泛地从事着私人筹资活动,有些还超过了著名的私立大学,成功地发起了上十亿美元的筹资运动。此外,公立大学和私立大学一样都更加依赖卫生保健和继续教育等辅助活动获得的收入。很多研究型大学,无论是公立的还是私立的,都积极从事技术转让活动,这包括许可证和专利权收入、子公司的股票收益等。❷

2. 公立大学私有化

美国研究型大学日益依赖于私人领域获得收入来源。表 4-1 体现出,在 1975—1976 学年到 1980—1981 学年,公立大学和私立大学的私人经费所占比例均仅提高了 0.8 个百分点。但是,在 1980—1981 学年到

---

❶ COOK K. Higher education funding in California [EB/OL]. (2020-06-04) [2025-01-02]. https://www.ppic.org/publication/higher-education-funding-in-california/.

❷ 詹姆斯·杜德斯达,福瑞斯·沃马克. 美国公立大学的未来 [M]. 刘济良,译. 北京:北京大学出版社,2006:16.

1985—1986 学年，公立大学的私人经费所占比例提高了 4 个百分点，私立大学的私人经费所占比例提高了 2.7 个百分点（见表 4-1）。由此可见，高等教育私有化在 20 世纪 80 年代成为一个重要趋势。

表 4-1 大学私人经费来源占大学基本经费支出的比例

单位:%

大学类别	1975—1976 学年	1980—1981 学年	1985—1986 学年
公立大学	23.2	24.0	28.0
私立大学	82.5	83.3	86.0

资料来源：GEIGER R L. Research and relevant knowledge：American research universities since World War II [M]. New York：Oxford University Press，1993：312.

1980—1981 学年到 1985—1986 学年私人经费的比例升高，意味着有 23 亿美元的经费支出转嫁到了私人领域。并且，向私人领域寻求经费来源在研究型大学更为明显，因为这类大学征收的学费最高，获得的私人捐赠也最多。

20 世纪 80 年代，学费为大学带来了最多的额外收入。1981 年和 1982 年，学费均上涨了 14%，在随后的 4 年中，学费的涨幅保持在 10%。私立大学的学费涨幅较公立大学来说更快，对于公立大学来说，学费水平取决于州政府的经费资助传统，在那些对大学的资助存在困难的州，大学对于学费收入的依赖较大。例如，在密歇根大学，由于州政府的拨款连续 3 年没有上涨，学费收入在 3 年间分别上涨了 17%、14%、17%。[1] 公立大学学费上涨的原因是为了补充州政府经费不足从而保持其学术水平；而私立大学学费的上涨在 20 世纪 80 年代初期是为了抵消通货膨胀的影响，80 年代中期以后则是为了保持或扩大其优异的水平。

20 世纪 80 年代，各大学同时也开始到处筹取赠款，1984—1986 年，大学捐赠收入平均每年增长 15%，几乎所有的研究型大学都积极寻找获得捐赠的机会。最大的受益者是那些具有捐赠收入传统的大学，如最为

---

[1] GEIGER R L. Research and relevant knowledge：American research universities since World War II [M]. New York：Oxford University Press，1993：312-313.

富有的私立大学以及少数像密歇根大学、明尼苏达大学这样的公立大学。一些没有此传统的大学也开始变得相当积极，如俄亥俄州立大学和宾夕法尼亚州立大学，1990年它们的捐赠收入分别超过了4.05亿美元和3.5亿美元的目标。❶ 在弗吉尼亚大学，捐赠收入已经超过了州政府的拨款数。该校的法学院和商学研究生院已经完全私有化，它们声称走向私有化是提高质量和排名的必经之路。尽管私有化对大学的一些学院如商学院带来好处，但是这种方式也使它们更加依赖于客户，包括企业或付高额学费的学生，而这也会加剧学术共同体中的不公平性。

在州立大学中，密歇根大学声誉仅次于加州伯克利大学，密歇根大学有37000名学生就读于19个学院。每年政府研究基金拨给学校仅5亿美元的资金，医学中心还会带来10亿多美元的收入。❷ 与所有的公立大学一样，密歇根大学发生的最大变化是州财政支持的下降，20世纪80年代中期，由于州政府拨款的减少，密歇根大学更多地开始寻求私有经费来源。学费收入在20世纪80年代占州政府拨款比例的一半，到2000年已经比州政府拨款高40%。❸ 同时，密歇根大学开始实行高学费/高资助的战略，将财政压力转移到州外的学生上，因为州外的学生比州内的学生所缴纳的学费要高得多。1988—1996年期间担任该校校长的詹姆斯·杜德斯达（James Duderstadt）说："我们曾经受到州政府的资助，然后是受到州政府的帮助，现在我们只是坐落在这个州而已。"❹ 密歇根大学是首所募集到10亿美元资助的公立大学，该校利用这些资助从四个方面提高教师队伍的活力和产出：在教师聘用上坚持学术优异的标准；提供高额工资；不断补充空缺教职并有选择性地增加新的席位；以教学需

---

❶ GEIGER R L. Research and relevant knowledge: American research universities since World War II [M]. New York: Oxford University Press, 1993: 314.

❷ 大卫·科伯. 高等教育市场化的底线 [M]. 晓征，译. 北京：北京大学出版社，2009: 131.

❸ GEIGER R L. Knowledge and money: research universities and the paradox of the marketplace [M]. Stanford: Stanford University Press, 2004.

❹ 大卫·科伯. 高等教育市场化的底线 [M]. 晓征，译. 北京：北京大学出版社，2009: 131.

求和研究机会为基础重新分配教师席位。

3. 公、私立研究型大学之间的竞争

美国高校的类型非常多样化。2021—2022 学年，美国共有 6045 所机构授予高等教育证书和学位。授予博士学位的高校有 1226 所，其中有 737 所为私立非营利性高校，有 65 所为私立营利性高校，有 424 所为公立高校（见表 4-2）。美国高校的多样化促进了公立和私立高校之间的竞争，这带来了教育质量的提高和高等学校科研产出的增加。尽管院校类型多样化，但是在科研产出和知识生产模式上又表现出共同的发展趋势，都对美国的科学知识和技能发展作出了贡献。

表 4-2　2021—2022 学年美国高校类型和数量

单位：所

院校类别	高校总数	公立高校	私立非营利性高校	私立营利性高校
所有高校	6045	1974	1792	2279
授予高等教育证书院校	1985	303	115	1567
副学士学位高校	1311	850	85	376
本科学位高校	687	229	321	137
硕士学位高校	836	168	534	134
博士学位高校	1226	424	737	65

资料来源：National Science Board. The state of U. S. science and engineering: science & engineering indicators 2024 [EB/OL]. (2024-03-01) [2024-04-10]. https://ncses.nsf.gov/pubs/nsb20243/assets/nsb20243.pdf.

20 世纪末，美国财富增长迅速，私立研究型大学成为主要受益者，它们获得大量捐赠，大幅提高学费，并为提高教师质量和研究能力进行了大幅投入。公立研究型大学尽管有一定的财政劣势，但是也运用了同样的策略。事实上，所有的大学都面临着同样的挑战，即：如何改造自身结构从而与"科学为基础的技术"相匹配；如何从知识产权中获得更大回报；如何为社区和经济发展作出贡献。[1] 为此，公立大学和私立大学

---

[1] GEIGER R L, SÁ C M. Tapping the riches of science: universities and the promise of economic growth [M]. Cambridge: Harvard University Press, 2008: 13-14.

在获得优秀教师和学生方面展开了激烈的竞争。

对于教师的竞争体现在科研启动费上，明星科学家都喜欢聚集一处，为了吸引高质量的科学家，研究型大学需要提供高额的科研启动费。表4-3体现了2002年不同类型美国大学不同学系科研启动费的情况。研究型大学的平均科研启动费要明显高于非研究型大学，私立研究型大学的平均科研启动费通常高于公立研究型大学。杰出教师的科研启动费远高于新助理教授，在为新助理教授提供的科研启动费方面，私立研究型大学只是略微高于公立研究型大学；而在聘用杰出教师方面，尤其是在生物学系和工程学系之中，私立研究型大学为杰出教师提供的科研启动费要远远高于公立研究型大学。例如，2002年，私立研究型大学生物学系为杰出教师提供的平均科研启动费约为95.7万美元，而公立研究型大学则约为65.1万美元，比私立研究型大学低约32%；私立研究型大学生物学系为杰出教师提供的最高科研启动费为157.5万美元，而公立研究型大学最高约为85.6万美元，比私立研究型大学低45.7%（见表4-3）。在工程学方面，公立研究型大学提供的科研启动费较私立研究型大学差距更大。可见，在聘用杰出教师方面，私立研究型大学更具有经费优势。

表4-3 2002年不同类型美国大学不同学系科研启动费的情况

单位：美元

类型	学科	私立研究型大学	私立非研究型大学	公立研究型大学	公立非研究型大学
AA	PHY	395746	147944	320932	169491
AA	BIO	403071	199754	308210	172582
AA	CHEM	489000	221052	441155	210279
AA	ENG	390237	152010	213735	112875
HA	PHY	563444	254071	481176	248777
HA	BIO	437917	208886	430270	217082
HA	CHEM	580000	259348	584250	284269
HA	ENG	416917	209057	259494	146831
AP	PHY	701786	90000	740486	359783
AP	BIO	957143	481458	651087	438227

续表

类型	学科	私立研究型大学	私立非研究型大学	公立研究型大学	公立非研究型大学
AP	CHEM	983929	532046	989688	550349
AP	ENG	1441667	326694	408443	223292
HP	PHY	1000000	418333	1110577	455882
HP	BIO	1575000	555500	856250	709444
HP	CHEM	1172222	575000	1187115	648913
HP	ENG	1807143	452000	472086	254597

注：AA：新助理教授的平均启动费。HA：新助理教授的最高启动费。AP：杰出教师的平均启动费。HP：杰出教师的最高启动费。PHY：物理和天文学。BIO：生物学。CHEM：化学。ENG：工程学。

资料来源：STEPHAN P E, EHRENBERG R G. Science and the university [M]. Madison：The University of Wisconsin Press，2008：24.

很多高选拔性私立院校通过大笔的经济资助吸引"最优秀和最聪明"的学生，虽然这些大学很挑剔，仅接受10%～20%的申请者，它们不仅资助不富裕的学生，还通过给出高于其他大学的资助来吸引最优秀的学生。尽管公立大学和私立大学在学生入学选拔上有着明显的不同，但出色的州立大学也总是能够吸引本地很多最优秀的学生。不过，现在学生和家长越来越受《美国新闻和世界报道》（*U. S. News and World Report*）等媒体公布的大学排名的影响，而这些排名是以明显偏向较小的私立院校来进行的，看重的是生均捐赠和生均费用。由于规模很大，加州大学和弗吉尼亚大学这样的著名大学在排名中都进不了前20名，尽管这些大学的学术资源和教学资源明显地超过许多排在它们前面的大学。❶

二、美国公、私立研究型大学科研投入和产出比较

1. 美国公、私立研究型大学研发经费来源比较

美国公、私立大学在研发方面依靠一样的资金来源，但各部分资金

---

❶ 詹姆斯·杜德斯达，福瑞斯·沃马克. 美国公立大学的未来[M]. 刘济良，译. 北京：北京大学出版社，2006：21.

来源所占的比例有所不同。2021财年，美国公立大学总共587亿美元的研发经费中有7.42%来自州政府和地方政府，而私立大学总共311亿美元的研发经费中仅有1.22%来自州政府和地方政府；相较于私立大学，公立大学有更大比例的研发经费来自大学内部的支持，公立大学有27.35%的科研经费来自大学内部支持，而私立大学为20.62%。此外，公立大学和私立大学的研发经费中分别有5.26%和6.54%来自产业界，分别有5.39%和7.82%来自非营利组织。❶2021财年，私立大学的研发经费来自联邦政府的经费占61.31%，公立大学的研发经费来自联邦政府的经费占51.31%。❷而2008财年，私立大学的研发经费来自联邦政府的经费占72%，而公立大学的研发经费来自联邦政府的经费占55%。❸可见，联邦政府是公立大学和私立大学最主要的研发经费来源，但是私立大学相较于公立大学来说，其研发经费对联邦政府的依赖更大，这是由其庞大的研发支出决定的。

2. 公、私立样本研究型大学经费趋势比较

为获得公、私立研究型大学的样本，本研究根据2021年卡内基高等学校分类得到146所研究能力很强的研究型大学（研究型大学Ⅰ类），其中公立研究型大学107所，私立研究型大学39所，然后运用STATA软件根据地域分布随机抽取公立研究型大学样本20所、私立研究型大学样本10所，并对公、私立大学的样本均值进行比较分析。

图4-1体现了公、私立样本研究型大学研发经费不同阶段的发展趋势。从研发经费数量来看，1985—2020年，美国公、私立研究型大学的

---

❶ National Center for Science and Engineering Statistics. Higher Education Research and Development Survey [EB/OL]. (2023-11-01) [2024-05-01]. https://ncses.nsf.gov/browse-library?survey=Higher%20Education%20Research%20and%20Development%20(HERD)%20Survey.

❷ National Center for Science and Engineering Statistics. Higher Education Research and Development Survey [EB/OL]. (2023-11-01) [2024-05-01]. https://ncses.nsf.gov/browse-library?survey=Higher%20Education%20Research%20and%20Development%20(HERD)%20Survey.

❸ National Center for Science and Engineering Statistics. Higher Education Research and Development Survey [EB/OL]. (2023-11-01) [2024-05-01]. https://ncses.nsf.gov/browse-library?survey=Higher%20Education%20Research%20and%20Development%20(HERD)%20Survey.

研发经费都呈快速增长态势，体现出两种类型大学于"大科学"时代在科研投入上的共同趋势。样本中的公立研究型大学平均每所大学的研发经费从1985年的1.45亿美元增长至2020年的6.06亿美元，36年间的增长率为317.93%；样本中的私立研究型大学平均每所大学的研发经费从1985年的1.82亿美元增长至2020年的6.81亿美元，增长率为274.18%。可见，尽管公立研究型大学的研发经费均值低于私立研究型大学，但36年间公立研究型大学的研发经费增长得更多。由于公立研究型大学和私立研究型大学的研发经费主要都是依赖于联邦机构，所以在经费增长的整体表现上呈现出趋同的态势。

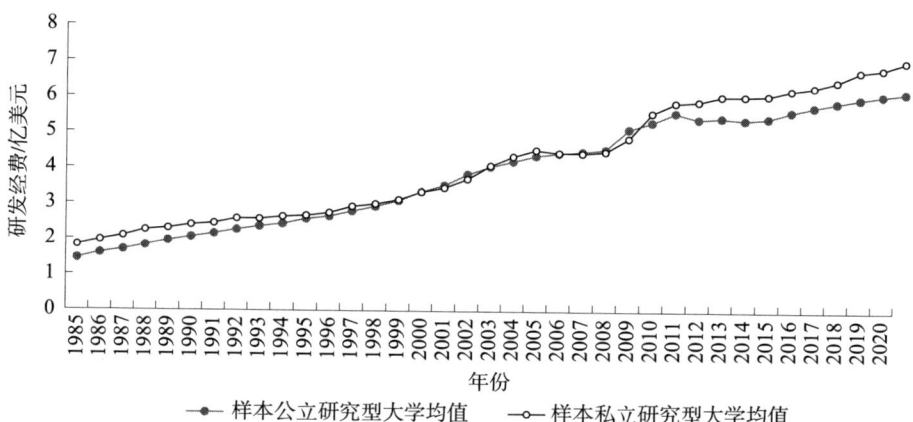

图4-1 样本研究型大学研发经费均值比较（按2017年定值美元计算）

数据来源：National Center for Science and Engineering Statistics. Higher Education Research and Development Survey［EB/OL］.（2023-11-01）［2024-05-01］. https：//ncses.nsf.gov/browse-library?survey=Higher%20Education%20Research%20and%20Development%20（HERD）%20Survey.

从发展阶段上看，1985—1994年，样本中的私立研究型大学在研发经费上占有绝对优势，远高于公立研究型大学；但是，自1995年开始，样本中的公立研究型大学的研发经费有赶上私立研究型大学的趋势，并在1998—2008年差距变得很小，呈现出几乎一致的发展水平。之所以产生这样的趋势，一方面，是因为美国私立研究型大学在研究经费获取上取得的成功引来了公立研究型大学的效仿，为了能够获得和保持与私立研究型大学一样的地位，公立研究型大学也拓展了自己的经费来源，尤其是在州政府经费比例下降的情况下，公立研究型大学通过更多的产业界和私人捐赠等方式获得了额外经费；另一方面，是因为很多处于30所顶尖研究型大学以下位于"第二梯队"的研究型大学由于最具有发展潜力而发展迅速，而在这个群体中以公立研究型大学为主。因此，这一阶段公立研究型大学在研发经费上呈现出与私立研究型大学并驾齐驱的态势。

2009年至今，私立研究型大学又重新获得研发经费上的优势。原因可能有以下两个：第一，公、私立研究型大学获得的联邦政府经费差距增加。图4-2表明，2021年，私立研究型大学获得的联邦政府经费为4.21亿美元，而公立研究型大学为3.33亿美元。第二，州和地方政府提供给大学的研发经费比例在下降，私立研究型大学获得的多样化经费来源使它们较少受到州和地方政府经费比例下降的影响。除了联邦政府经费外，私立研究型大学获得的产业界和非营利组织经费也要高于公立研究型大学。图4-3表明，来自产业界和非营利组织的经费平均分别占样本私立研究型大学研发经费的8.81%和9.92%，而来自州和地方政府的研发经费仅占0.61%。

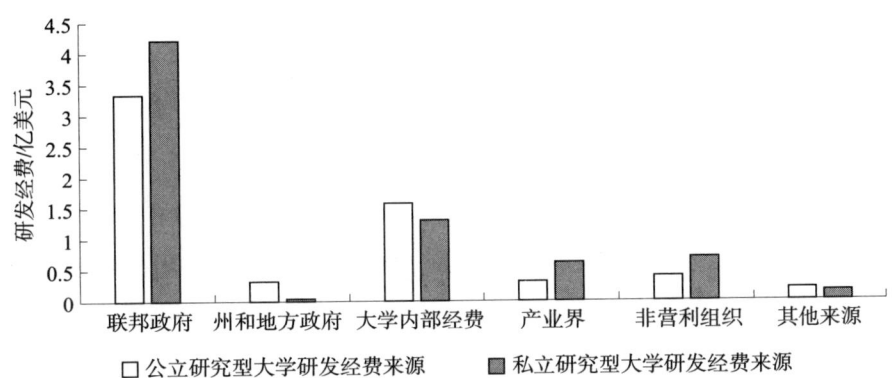

图4-2　2021年样本研究型大学研发经费来源比较
（按2017年定值美元计算）

数据来源：National Center for Science and Engineering Statistics. Higher Education Research and Development Survey [EB/OL]. (2023-11-01) [2024-05-01]. https://ncses.nsf.gov/browse-library?survey=Higher%20Education%20Research%20and%20Development%20（HERD）%20Survey.

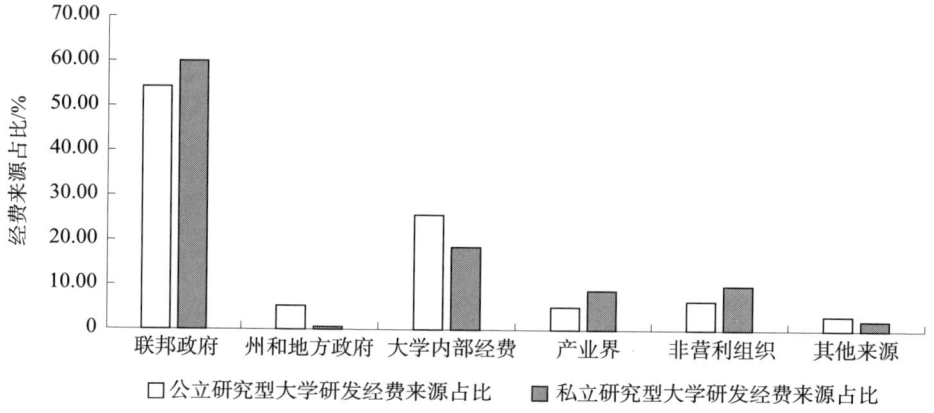

图4-3 2021年样本研究型大学研发经费来源占比比较

数据来源：National Center for Science and Engineering Statistics. Higher Education Research and Development Survey [EB/OL]. (2023-11-01) [2024-05-01]. https://ncses.nsf.gov/browse-library?survey=Higher%20Education%20Research%20and%20Development%20(HERD)%20Survey.

3. 公、私立样本研究型大学SCIE论文产出比较

从研究型大学Ⅰ类的样本数据来看，1981—2021年41年间，美国公立研究型大学和私立研究型大学在SCIE论文产出方面都有着较快的增长速度。从SCIE论文产出数量来看，样本中的公立研究型大学平均每所大学的SCIE论文产出从1981年的924篇增长为2021年的4053篇，增长率为338.64%；样本中的私立研究型大学平均每所大学的SCIE论文产出从1981年的912篇增长为2021年的4893篇，增长率为436.51%。1981—2010年，公立样本研究型大学和私立样本研究型大学的SCIE论文产出均值水平基本一致，体现出高度的趋同性（见图4-4）。2011—2021年，私立样本研究型大学的论文产出在数量上占有优势并且发展速度较快。研究型大学的论文产出在很大程度上体现了其科研能力，而科研能力的形成又与研究型大学的科研经费投入密切相关，2012—2021年，公立样本研究型大学在论文产出数量与私立样本研究型大学之间逐渐产生差距应该与经费投入上与私立样本研究型大学之间的差距有关。整体来看，两种类型大学科技论文都体现出持续增长的共同趋势。

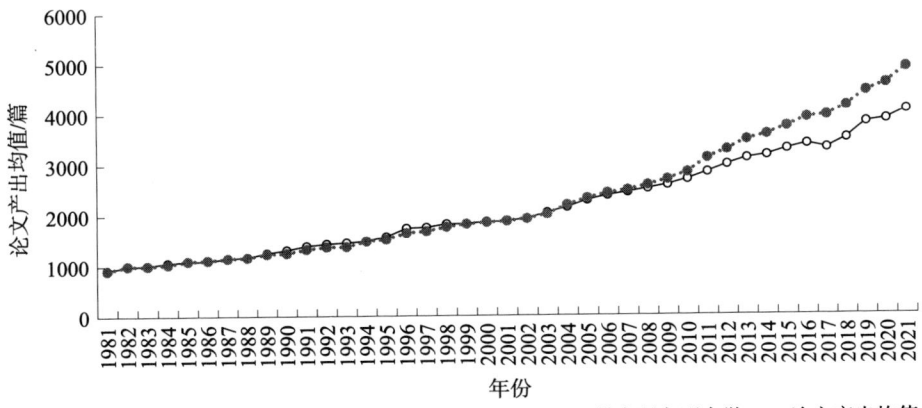

**图 4-4　1981—2021 年公立、私立样本研究型大学
SCIE 论文产出均值比较**

数据来源：根据 Web of Science 数据库收集整理。

4. 美国公、私立研究型大学专利产出比较

从专利产出来看，1988—2008 年美国公立研究型大学和私立研究型大学的专利产出都得到了增长，1988—1999 年处于迅速增长状态，从 2000 年开始稳中有落，特别是公立研究型大学回落比较明显。图 4-5 中研究型大学Ⅰ类的公、私立大学样本数据的走势与前文中的美国大学专利产出总体走势一致，也体现出了美国大学专利产出的集聚性，处于研究型大学Ⅰ类层次的大学专利产出决定着全国大学专利产出的走向。

从公、私立研究型大学的比较来看，在专利产出方面，公立研究型大学一直落后于私立研究型大学，且差距较大。这是因为生物医药专利占据着美国专利产出的较大比例，而与学科门类较为齐全的很多公立研究型大学相比，较注重医学研究的私立大学具有优势地位。

1988—1999 年是专利产出的增长期，样本中的公立研究型大学从 1988 年的平均每所大学产出 6 项专利增长为 1999 年的 29 项专利，增长率为 383.33%；而私立研究型大学从 1988 年的平均每所大学产出 16 项专利增长为 1999 年的 45 项专利，增长率为 181.25%（见图 4-5）。这一期间，虽然公立研究型大学在专利产出数量上落后，但是增长速度要高于私立研究型大学。可见这一时期，公立研究型大学也在积极地参与到技术转化之中。

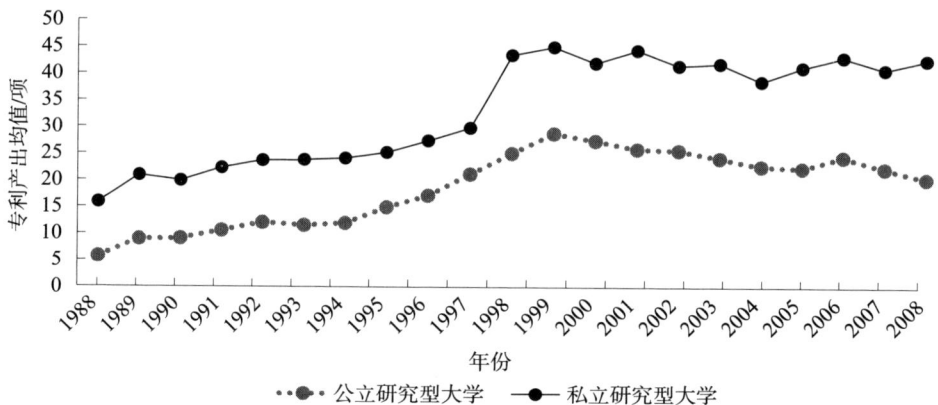

图 4-5 公、私立样本研究型大学专利产出均值比较

数据来源：U. S. Patent and Trademark Office. U. S. colleges and universities utility patent grants, calendar years 1969 – 2012: unconsolidated listing of all college and university assignees and their associated annual patent counts [EB/OL]. (2015 – 07 – 01) [2023 – 01 – 02]. https：//www. uspto. gov/web/offices/ac/ido/oeip/taf/univ/org_gr/all_univ_ag. htm.

2000—2008 年，对于私立研究型大学来说是专利产出的平稳期，而对于公立研究型大学来说是回落期。样本中的公立研究型大学从 2000 年的平均每所大学产出 27 项专利下降为 2008 年的 20 项专利，下降了 25.93%。而私立研究型大学平均每所大学年专利产出数保持在 41～44 项（见图 4-5）。

私立研究型大学相较于公立研究型大学来说对于专利活动更为积极。公立研究型大学专利产出较少，原因在于其与产业界的联系相较于私立大学来说不那么紧密。对于公立研究型大学来说，过度进行商业化容易引起纳税人的不满，从而减少公共教育经费的投入，因此，公立研究型大学在专利活动方面较为保守。

美国公、私立研究型大学在科研产出上产生趋同的原因主要有以下几个方面：

第一，依赖于共同的经费资源而引起的强制性趋同。不论是公立还是私立研究型大学，它们在研发经费上都高度依赖于联邦政府的科研经费，因而，它们受到联邦政府科技政策上的压力和影响，从而导致科研产出的趋同。联邦政府对"应用性基础研究"尤其是生物技术的经费投入、对大学-产业界关系的支持、对大学技术转化的要求都会通过联邦机构拨款的倾向性而对研究型大学产生共同的影响。随着与产业界伙伴关系的建立，研究型大学不可避免地面临科学商业化的影响。因而在专利产出、衍生企业等技术转化活动方面产生一定程度上的趋同，虽然公立研究型大学相较于私立研究型大学在此方面的步伐较慢。

第二，为保持竞争优势的模仿性趋同。公立和私立研究型大学在生源竞争、科研经费、师资力量方面展开着全方位的竞争。为了能够保持大学的优势地位，吸引高质量的教师和学生，相对落后的大学倾向于对成功的大学进行模仿，现阶段是公立研究型大学对私立研究型大学的模仿，由此导致了公、私立研究型大学在科研产出上的趋同。

第三，对共同学术规范的遵守而带来的规范性趋同。不论是公立还是私立研究型大学，都遵守着科学共同体所公认的学术规范。它们都在科研经费申请和论文发表上遵循同行评议的制度规范，在专利申请中遵循着专利制度。

20世纪80年代以来，美国研究型大学在科研产出方面体现出了一系列趋同性特点，受到政府政策、经费投入、产学关系等制度因素的共同影响，又由于对成功大学的模仿，一些顶尖的研究型大学在科研产出上具有优势，生物医学领域产生出最多的科研成果。随着政策导向对于科研成果商业化的支持，研究型大学科研商业化也成为一大趋势。由于所面临的制度环境日趋相同，公、私立研究型大学的科研产出也体现出趋同化的特点。

第五章

美国研究型大学知识生产模式的变化及影响

20世纪80年代以来美国研究型大学科研产出的特点体现了大学知识生产模式的转变,从而引发了针对学术科学和市场之间关系的辩论。一些学者认为这种制度转型是有益的,他们将这种模式称为"知识生产的新模式",或者"三螺旋",支持大学、产业界和政府的合作;一些学者预示了一种旨在将学术研究与商业开发相互融合新的群体——"创业科学家"的出现;然而,另一些学者则批评大学和产业界之间的密切关系,认为学术商业化会带来规范和制度危机。希拉·斯劳特等运用"学术资本主义"的概念提出利润动机已经侵入学术界之中。这些批评者强调日益严重的价值观冲突、大学科学家所面临的角色危机以及保护学术自由和自治。然而,如今的现实是,学术科学工作的标准和实践在科学和商业之间的界线日益模糊,学术科学与商业活动日益交织,科研也越来越受到应用和好奇心的双重驱使,大学要通过与政府和产业界的合作来为创新作出贡献。无论学术科学与商业科学的区别如何,大学日益参与到促进经济发展的活动之中,并与政府和产业界建立起了伙伴关系。

第一节　美国研究型大学知识生产模式的变化

"应用性基础研究"得到迅速发展，研究型大学内部也开始发生一些制度性变化，以适应新的知识生产模式的发展。迈克尔·吉本斯提出知识生产模式2，希拉·斯劳特等则从学术资本主义的维度提出学术资本主义知识体制以及新知识圈的出现，亨利·埃兹科维茨认为研究型大学正在向创业型大学转变。他们的观点从不同维度反映了20世纪80年代以后美国研究型大学知识生产模式的变化特点。

一、知识生产模式2的发展趋势

1994年迈克尔·吉本斯等学者在《知识生产的新模式：当代社会科学与研究的动力学》一书中首次提出"知识生产模式2"的概念，并论述了其基本特征。吉本斯等学者提出，大学科学研究正在分为模式1和模式2两种方式，模式2并不是替代模式1，而是与模式1形成互补并且日益占据主导地位的新模式（见表5-1）。

表5-1　知识生产模式1和模式2的特征

模式1	模式2
学术情境	应用情境
学科性	跨学科性
同质性	异质性和组织多样性
学术自治	反思性/社会问责性
传统的质量控制（同行评议）	新的质量控制

模式1以"洪堡理想"为代表，随着社会生活中越来越多的方面涉

及技术-科学维度，模式2伴随着原有的模式1发展起来。❶ 模式2几乎在所有方面都区别于模式1，模式2的知识生产特性具体表现在以下几个方面：

第一，模式2是在应用情境下进行的知识生产；模式1也可以产生实际应用，但模式1的知识生产和应用之间是相互分离的，二者之间的距离需要通过成果转化才能实现。在模式2中，这种差距是不存在的。就科研而言，大学面向应用研究首先并不是为了市场，而是为了实现科学与技术的结合。❷

第二，模式2具有跨学科性，新知识的生产已经不再局限于学科内部，而是产生于不同学科的交互过程中，可以调动一系列理论观点和实践方法来解决问题，这种跨学科性是动态的，一旦发展出独特的理论结构，就难以拆分成任何特定的学科。正如亨利·埃兹科维茨提到："传统的按学科分类的院系设置被交叉学科研究中心打破，这些交叉学科覆盖了很多新兴研究领域，比如材料学、环境科学等，使大学形成了矩阵结构。"❸

第三，模式2具有异质性和组织多样性，知识生产的场所不仅包括传统的大学、研究所和企业实验室，还包括政府机构、智库、高科技衍生企业、咨询公司，知识生产是这些场所相互互动进行的，日益从传统的学科性活动转化到新的社会情境之中。❹ 例如，在材料科学专业中，材料科学分化为生物材料学、陶瓷材料学、材料科学的表征与测试、涂料和膜剂材料科学、合成材料学、纸和木材材料学、纺织材料学以及多学科材料学。

第四，模式2知识生产具有反思性。模式2知识生产更像一种对话过

---

❶ 迈克尔·吉本斯，卡米耶·利摩日，黑尔佳·诺沃提尼，等. 知识生产的新模式：当代社会科学与研究的动力学 [M]. 陈洪捷，沈文钦，译. 北京：北京大学出版社，2011：130-131.
❷ 王骥. 从洪堡理想到学术资本主义：对大学知识生产模式转变的再审视 [J]. 高教探索，2011（1）：16-19.
❸ 亨利·埃兹科维茨. 麻省理工学院与创业科学的兴起 [M]. 王孙禺，袁本涛，等，译. 北京：清华大学出版社，2007：17.
❹ GIBBONS M, LIMOGES C, NOWOTNY H, et al. The new production of knowledge: the dynamics of science and research in contemporary societies [M]. London: Sage Publications Ltd, 1994: 3-6.

程，并且具有融合多种观点的能力。模式1从根本上依靠基于学科的同行评议制度来对个人所做的贡献进行评价；模式2具有应用情境，评价的方式包括"它是否具有市场竞争力？""其花费是否有效率？""它是否被社会所接受？"由于质量标准更加宽泛，确定什么是"好的科学"变得更加困难，因此不局限于学科同行的判断。

迈克尔·吉本斯认为，模式2的出现使大学在知识生产上的垄断地位受到挑战，大学要做到与时俱进，就必须加入模式2的世界性网络之中。对模式2的适应在不同学院的表现有所不同，专业学院，如工程学院、医学院、商学院、管理学院和公共政策学院表现出更强的变革能力，更能够适应市场和用户的需求。❶

尽管吉本斯敏锐地诠释了模式2的生产方式，但是他提出的"模式2"使大学的专业知识和知识生产更多地被分散到大学以外的场所之中，假设了大学对大科学的影响力下降，是不利于大学的。该观点受到美国学者罗杰·盖格的批判，盖格提出，美国近几十年的发展表明这一观点是不对的：首先，近几十年来，研究技术的发展、研发经费来源向产业界的转化、对于研究的经济关联性的需求都伴随着对大学基础研究的需求，知识生产的新模式也包含着学术研究的不可或缺的作用；其次，美国大学在研究体系中具有独特的角色，大学是巨大的智力资本储藏地，大学对知识的容纳与其传播知识和促进知识发展的职能是密不可分的。大学聘用和支持各个领域的专家，提供先进的研究设备，这些都提供了进行知识探索的有利资源。不论是政府还是产业界，由于缺乏对专业领域的长期投入，当它们需要更多知识的时候，往往都会向大学寻求帮助。因此，这种"应用情境"的研究进行得越多，与学术研究的互动也就越多。❷ 大卫·贝克（David Baker）也对吉本斯关于模式2会消解大学影响力的观点进行了批评，"一些观察家预测大学将失去与未来科学生

---

❶ 迈克尔·吉本斯，卡米耶·利摩日，黑尔佳·诺沃提尼，等. 知识生产的新模式：当代社会科学与研究的动力学［M］. 陈洪捷，沈文钦，译. 北京：北京大学出版社，2011：134-135.

❷ GEIGER R L. Knowledge and money: research universities and the paradox of the marketplace ［M］. Stanford: Stanford University Press, 2004: 139.

产的相关性，他们认为，由于许多非大学组织，包括以科学为基础的产业将进入研究领域，大学将无法跟上科学游戏的步伐。然而，这种假设大学对大科学的影响力下降是对未来趋势的一个误判，大学并没有失去它的份额，而是在不断扩张，并且正在与知识生产相互交织成大科学模式"❶。因此，吉本斯知识生产模式的发展趋势判断是正确的，对大学地位的判断是错误的，他没有意识到，随着社会对知识创新依赖性的提高，知识的价值和影响力会越来越大，而大学是最适合生产这些最先进的知识的机构，为社会提供最有用、最易获取的知识正是美国研究型大学的显著特征。❷

二、"学术资本主义"的发展趋势

希拉·斯劳特和拉里·莱斯利（Larry Leslie）在《学术资本主义：政治、政策和创业型大学》（*Academic Capitalism：Politics，Policies，and the Entrepreneurial University*）中提出学术资本主义是"院校及其教师为获得外部资金的市场活动或具有市场特点的活动"❸。其中，"市场行为"就院校而言是营利性的活动，如获得专利及随后的专利权使用费和技术许可协议，以及衍生公司、独立公司、产学伙伴关系等具有利润成分的活动❹。在《学术资本主义与新经济：市场、政府与高等教育》（*Academic Capitalism and the New Economy：Markets，States and Higher Education*）一书中，希拉·斯劳特和加里·罗兹（Gary Rhoades）进一步修正了"学术资本主义"的概念，提出学术资本主义理论解释的是大学融入新经济的

---

❶ BAKER D P, POWELL J J W. Global mega-science：universities，research collaborations，and knowledge production [M]. Stanford：Stanford University Press，2024：35-36.

❷ GEIGER R L. American higher education since world war II：a history [M]. Princeton：Princeton University Press，2019：355.

❸ 希拉·斯劳特，拉里·莱斯利. 学术资本主义：政治、政策和创业型大学 [M]. 梁骁，黎丽，译. 北京：北京大学出版社，2008：8.

❹ 希拉·斯劳特，拉里·莱斯利. 学术资本主义：政治、政策和创业型大学 [M]. 梁骁，黎丽，译. 北京：北京大学出版社，2008：10.

进程，该理论认为一些行为群体如教师、学生、行政工作者、学术界的专业人士正在运用本州的资源创造将高校与新经济联系起来的一种新知识圈。❶

学术资本主义并不是一个突然出现的现象，它的出现有其必然性。自20世纪中后期以来，大学、政府与市场之间的关系发生的微妙变化，促使高等教育系统追求组织上的转型，以便更好地生存和适应社会的需要。斯劳特和罗兹解释了学术资本主义出现的原因：财政危机加上不断增高的学费使获取外部经费资源极为重要。❷ 周期性的州政府财政危机，带来了高等教育部门预算的下降，赋予了资源短缺合法性。尽管经费短缺并不经常发生，也很少影响到所有高校，但这加强了教师和行政人员的一种共识，即需要增强外部经费资源流动以维持学术事业。学术事业的增长，尤其是在科学和工程领域的再增长，意味着尽管联邦政府的经费在总量上持续上涨，但是这些财政支持不足以满足科学家和工程师的期望。联邦研究经费的低增长率加剧了科学家和工程师在联邦资助和合同市场上的竞争。为了实现与新经济的结合，大学开始从公共物品知识体制转向学术资本主义知识体制。

1. 公共物品知识体制

公共物品知识体制是指将知识视为公共物品。罗伯特·K. 默顿提出的"普遍主义、公有性、无私利性、有组织的怀疑"的科学规范与公共物品模式密切相关。公共物品体制重视学术自由，给予教授自由探索知识的权利，它以基础研究为奠基石，认为基础研究会带来学科新知识的发现，而让公众受益则是一种偶然的收获。公共物品知识体制是将公共领域和私人领域明显区分开来的。❸

---

❶ SLAUGHTER S, RHOADES G. Academic capitalism and the new economy: markets, state and higher education [M]. Baltimore: The Johns Hopkins University Press, 2004: 1.

❷ SLAUGHTER S, RHOADES G. Academic capitalism and the new economy: markets, state and higher education [M]. Baltimore: The Johns Hopkins University Press, 2004: 12.

❸ SLAUGHTER S, RHOADES G. Academic capitalism and the new economy: markets, state and higher education [M]. Baltimore: The Johns Hopkins University Press, 2004: 28.

2. 学术资本主义知识体制

学术资本主义知识体制重视知识的私有化和利润实现。大学将产品的排他性技术许可而不是非排他性技术许可发放给私人企业，为经济发展作出贡献并让整个社会受益。知识被视为私人物品，由于能够创造出高技术产品和产生利润而具有价值。教授有责任向所在大学披露其发明并由大学决定如何应用这些知识。学术资本主义模式的基础是"以应用为目的的基础科学和基础技术"，该模式并不将科学活动和商业活动区分开来。❶

希拉·斯劳特等认为，大学走向学术资本主义集中体现在以下几方面❷：大学开始从事专利、技术许可、合资经营、股权持有、科学园区等活动；学者与教授们不得不积极地投入商业活动中，诸如开设公司、充当企业顾问等，以获得更多的资金来完成原来依靠政府资助的研究任务；大学更多地通过学费获得外部收入来源。大学的总经费中，越来越大的比例来自学费，学生的身份由"学习者"变为"消费者"。学术资本主义知识体制尽管处于上升阶段，但是并没有取代公共物品知识体制，它们二者相互共存、交叉和重合，获得创业收入固然重要，但是大学的科研声望更为重要。

学术资本主义引起的担心是，将知识视为私人物品可能会使人们无法获得知识以至于限制发现和创新，将决定权给予大学而非教师可能影响学术自由，"应用性基础科学和基础技术"可能使发明和教育的形式变得狭窄，从而与公共利益的理念不符。因此，学术资本主义知识体制可能会减少公众对高等教育的支持。

---

❶ SLAUGHTER S, RHOADES G. Academic capitalism and the new economy：markets，state and higher education［M］. Baltimore：The Johns Hopkins University Press，2004：29.
❷ SLAUGHTER S, RHOADES G. Academic capitalism and the new economy：markets，state and higher education［M］. Baltimore：The Johns Hopkins University Press，2004：29－30.

三、从"研究型大学"到"创业型大学"

亨利·埃兹科维茨等学者识别了大学在日益互联、合作、全球化的世界中知识生产方式的变化,提出了大学-政府-产业界的"三螺旋"关系模型,将大学的科学知识生产嵌入在一个多维空间中,❶ 创业型大学通过把非线性动力学引入经典线性模式促进了研究型大学的发展。❷ 他们认为大学经历了两次根本性的转变:"第一次学术革命将研究引入了大学,大学开始由教学型向研究型转变,德国首先出现了研究型大学,提倡为真理性知识(即纯科学)而进行研究。美国的研究型大学则是在借鉴德国模式的基础上进行创新,形成适合自己发展的成功模式。时至今日,美国研究型大学早已从模仿者成了引领者。近年来,部分研究型大学利用自己的知识创新成果,引资创建高技术公司,加速原创性科技成果的转化,孵化、催生、兴办新的产业,承担经济发展和提升国际竞争力的重任,从而形成了创业型大学模式,这便是第二次学术革命。"❸

创业型大学模式起始于两个对立的模式——经典的象牙塔模式与赠地大学模式,后者包括为促进农业发展而建立的加州大学伯克利分校和为促进工业发展而建立的麻省理工学院。象牙塔模式与赠地大学模式并行发展,直到它们都变成创业型大学为止。在过去的几十年里,哈佛大学——一个经典的文科大学一直是人们竞相效仿的模式。而现在,麻省理工学院和斯坦福大学也因为衍生企业特色和周围云集着高技术公司而成为人们竞相效仿的对象。❹

---

❶ POWELL J J W, BAKER D P, FERNANDEZ F. The century of science: the global triumph of the research university [M]. Bingley: Emerald Publishing Limited, 2017: 11-12.
❷ 德里克·博克. 走出象牙塔: 现代大学的社会责任 [M]. 徐小洲, 陈军, 译. 杭州: 浙江教育出版社, 2001: 52.
❸ 王雁. 创业型大学: 美国研究型大学模式变革的研究 [D]. 杭州: 浙江大学, 2005: 39-40.
❹ 亨利·埃兹科维茨. 三螺旋: 大学·产业·政府三元一体的创新战略 [M]. 周春彦, 译. 北京: 东方出版社, 2005: 54.

亨利·埃兹科维茨提出了创业型大学模式的五个标准或特征，认为创业型标准和非创业型标准之间彼此充满了张力，当处于平衡状态时会达到最佳效果：第一，知识资本化。知识被创造和传播，既是为了学科发展，也是为了应用；由于知识资本化成为经济与社会发展的基础，因而大学在社会中起着越来越重要的作用。第二，相互依存性。创业型大学与产业、政府密切相互作用；它不是一所与世隔绝的象牙塔，它要与其他机构彼此相互联系、相互依存。第三，相互独立性。创业型大学是一个相对独立的社会学术机构，它不从属于任何一个机构范围。第四，混合性。创业型大学既要与其他机构相互依存，又要保持自身独立。只有生成一些混合组织（研究中心、孵化器、科技园等）才能同时实现这两个目标。第五，自我反应性。当大学与产业、政府之间的关系发生变化时，大学的内部结构有一个持续不断的更新。因而，创业型大学要处于不断地调整、变化与发展当中，变化的主旨在于如何更好地实现它的第三使命，进而调整教学与研究的方向。❶

从美国研究型大学知识生产模式的变化来看，模式2、学术资本主义和创业型大学代表了一种大学科研面向社会经济发展的新趋势，但是这些新的模式并不是对传统模式的取代，而是相互补充和相互平衡。在吉本斯提出的模式2的知识生产方式中，洪堡模式不可能再占据主流位置，但是也不会完全被模式2或学术资本主义所取代，并且它们是可以相互作用的；同样，学术资本主义知识体制与公共物品知识体制也是相互共存的，都不是非此即彼的关系。新的知识生产模式都建立在"纯科学模式"的基础之上，但又进一步扩展了其内涵。没有"纯科学模式"的高度发展，就不可能产生"应用性基础研究"，"技术科学模式"也不可能产生。"技术科学模式"在事实上提高了大学知识生产的空间和能力。

---

❶ 亨利·埃兹科维茨. 三螺旋：大学·产业·政府三元一体的创新战略［M］. 周春彦，译. 北京：东方出版社，2005：52.

第二节 美国研究型大学知识生产模式变化的影响

制度环境的变化带来了大学科研组织的变化,从而带来了大学科学家的学术职业变化,大学开始与产业界进行互动和合作,并且重视通过知识产权商业化获得额外收入,创业型科学家开始兴起。在知识生产的新模式下,一方面,科学家不再仅仅从知识内部的逻辑和个人的兴趣来选择研究问题,进行科学知识的生产,而是充分考虑产业界的知识需求,把科学研究的学术使命与社会、市场需要结合起来。另一方面,应用问题的复杂性和综合性,决定了从单一学科出发难以完全解决其中所包含的科学问题,需要多学科或多种专业的科学家共同进行研究。大学不仅需要进行科学研究,也需要进行技术转化。❶ 大学－产业界的互动以及科学研究的商业化使大学的学术科学受到冲击。

一、大学－产业界的互动及影响

20世纪80年代以来,美国联邦政府出台的一系列有关技术转化的法案推动了美国大学－产业界的技术转化与合作。大学－产业界合作伙伴关系给大学的院系带来新的前景,能够加强纯学术研究和应用性研究之间的联系。此外,还能给大学带来一笔可观的收入,同时也几乎不会给教师们增加时间和精力上的负担。❷

1. *大学－产业界互动关系的变化*

美国在产学研协同方面形成了多元化的协同创新组织模式,包括企业孵化器、大学科技园、大学－产业合作中心、工程研究中心以及企业

---

❶ 李正风. 科学知识生产方式及其演变 [M]. 北京:清华大学出版社,2006:284.
❷ 德里克·博克. 走出象牙塔:现代大学的社会责任 [M]. 徐小洲,陈军,译. 杭州:浙江教育出版社,2001:174.

大学模式❶。

（1）大学–产业界联合体

大学–产业界联合体主要指大学和企业联合参与到关乎共同利益的研究问题之中的合作模式，通常适用于一些较为宽泛的研究领域，有利于对相关研究问题进行定义以及为私人领域进行技术和信息部署。大学–产业界联合体中所涉及的知识产权通常都属于非排他性的，这种模式能够为大学和产业界双方提供一个丰富的研究环境，进行知识和设备的共享。对于研究的支持涉及多种形式：为大学提供慈善资助、特定研究群体的捐赠、直接赞助研究、人员交流、不涉及经费的合作交流等。❷

大学–产业界联合体的建立需要经费的平衡，核心赞助者在联合体的形成阶段至关重要，其提供的资源有利于为联合体引进人员。美国国家科学基金会一直是这种模式的主要支持者。大学–产业界研究中心、工程研究中心以及科技中心项目都是在国家科学基金会的支持下建立起来的大学–产业界联合体，并由此开创了大学和产业界伙伴关系的新时代。然而，由国家科学基金会支持的研发联盟必须在一定时间后转为由产业界直接支持，通常是在前期投入之后5至10年。

联合体需要大量来自产业界的资金和人员支持。例如，加州理工学院计算机科学系创建了硅结构项目，将施乐公司和IBM公司以及加州理工学院的科学家聚集在一起共同合作开展芯片设计。施乐公司是早期的赞助者，到1980年，硅结构项目有了包括惠普、数字设备公司和伯罗伊特公司等在内的赞助者，每方赞助者资助10万美元，每方都派出一名科学家到加州理工学院开展为期一两年的项目工作；到1982年，该项目的12家赞助商为加州理工学院每年带来120万美元的资金。❸ 该项目帮助开

---

❶ 王珍珍，甘雨姣. 创新驱动发展的模式及路径选择：美、德、日的比较与借鉴 [J]. 中国科技论坛，2017（7）：153 – 160.

❷ MILLER R C, BOEUF B L. Developing university – industry relation: pathways to innovation from the west coast [M]. San Francisco: Jossey – Bass, 2009: 54.

❸ BERMAN E P. Creating the market university: how academic science became an economic engine [M]. Princeton: Princeton University Press, 2012: 127 – 128.

创了超大规模集成电路领域,带来了半导体芯片生产的变革。另一个早期的计算机科学合作中心例子是明尼苏达大学微电子和信息科学(MEIS)中心,其于1979年在明尼苏达控制数据公司提供的230万美元挑战基金的支持下规划启动,霍尼韦尔集团承诺提供200万美元,3M和Sperry Univac公司捐助了约100万美元。1983年,明尼苏达州政府为了保持当地电子行业的竞争力,也投资了150万美元。❶

1979年,国家科学基金会通过定向研究资金支持新的大学-产业界合作研究中心(Industry/University Cooperative Research Centers,I/UCRC)。1990年,约有1000个大学-产业界研究中心成立,这些研究中心对麻省理工学院聚合物加工项目的成功模式进行模仿,包括与联邦机构进行高水平的互动、引进项目评估、从国家科学基金会获得积极支持。这些研究中心具有良好的存续率,到2007年,73%的中心在从I/UCRC项目"毕业"(不再接受I/UCRC项目的资金支持)后5年依然存在,62%在"毕业"后10年依然存在。❷

(2)大学-产业界战略性联合

大学-产业界战略性联合是指企业与大学签订长期的合作协议,为大学提供巨额的科研资助。这些研究项目通常与大学的科研和公共科学高度兼容。其特点是委托给合适的研究单位,通过协商签署双方满意的知识产权协议,属于同大学职能相一致的基础或长期性应用研究。战略性联合鼓励和重视学生的参与,双方都可以实现知识的增进。自20世纪80年代以来,很多医药公司都向大学提供为期数年高达几百万美元的资助,支持某个学系的发展或者它们所感兴趣的研究课题。许多大公司都将与知名大学建立长期合作关系视为一种战略方案,因为它可以为企业提供可持续发展的技术支持。这种模式下的科研由大学代表和企业代表共同管理,科研项目也由大学和企业共同选择,科研成果及其转化的权

---

❶ BERMAN E P. Creating the market university: how academic science became an economic engine [M]. Princeton: Princeton University Press, 2012: 128.

❷ BERMAN E P. Creating the market university: how academic science became an economic engine [M]. Princeton: Princeton University Press, 2012: 134.

利一般属于企业。例如，1981 年麻省总医院、哈佛大学医学院与德国的一家化学公司 Hoechst G. A. 签署了一项总额为 7000 万美元的合作协议。1998 年，加州大学伯克利分校与诺华生物公司（Novartis）签署了 2500 万美元的合作协议，但是特别指定资金应用于植物系和微生物系的研究，诺华生物公司还要求成为第一个可以获得专利转让权的公司，并且要求在院系研究委员会的 5 个席位中占有 2 个席位。❶ 表 5 - 2 呈现了 1974—2000 年美国大学 - 产业界战略性联盟的情况。

表 5 - 2 美国大学 - 产业界战略性联盟情况（1974—2000 年）

年份	公司名称	大学	资助金额和年限
1974	Monsanto	哈佛大学	2350 万美元，为期 12 年
1981	Hoechst G. A.	麻省总医院和哈佛大学医学院	7000 万美元，为期 12～19 年
1981	Johnson & Johnson	斯克里普斯大学	1.2 亿美元，为期 16 年
1982	Monsanto	华盛顿大学	1 亿美元，为期 12 年
1985	FIDIA	乔治敦大学	6000 万美元，为期 20 年
1991	Sandoz	哈佛大学	m
1994	Amgen	麻省理工学院	3000 万美元，为期 10 年
1997	Merck	麻省理工学院	1500 万美元，为期 5 年
1997	Ford	麻省理工学院	2000 万美元，为期 5 年
1997	Sandoz	斯克里普斯大学	3 亿美元，为期 16 年
1998	NTT	麻省理工学院	1800 万美元，为期 5 年
1998	Novartis	加州大学伯克利分校	2500 万美元
1999	Merrill Lynch	麻省理工学院	2000 万美元，为期 5 年
1999	DuPont	麻省理工学院	3500 万美元，为期 5 年
1999	Trivoli Systems	得克萨斯大学	6500 万美元，为期 6 年
1999	Microsoft	麻省理工学院	2500 万美元，为期 5 年

---

❶ 赵婷婷，邓彤，苗苗. 美国大学与企业的科研联系模式对教师科研自由的影响［J］. 比较教育研究，2008（5）：67-71.

续表

年份	公司名称	大学	资助金额和年限
2000	Nanovation	麻省理工学院	9000 万美元，为期 5 年
2000	HP	麻省理工学院	2500 万美元，为期 5 年

注：m 为缺失值。

资料来源：HATAKENAKA S. University – industry partnerships in MIT, Cambridge, and Tokyo: storytelling across boundaries [M]. New York: Routledge, 2004: 26.

（3）专利许可和技术转让

大学作为技术的拥有者，可以通过向企业授予专利技术许可和进行技术转让来实现大学与企业的科研合作。《拜杜法案》出台以后，大学倾向于通过发放技术许可与企业进行合作，获得许可收入。专利权是一种激励机制，它使得大学能够更加努力地确定其在实验室中的新发现。技术转让一方面可以加快知识转化成实用性成果和方法的速度；另一方面又可为大学获得新的收入来源，促进学术研究。❶

2. 大学－产业界互动的利益

大学－产业界合作研究能够发现单靠一方的能力无法实现的成果，当今的很多科学进步都产生在传统学科的交叉领域，这就强调合作研究的意义。20 世纪 80 年代后分子和细胞生物学发展的一个明显原则，即很多最为激动人心的发现都需要一个在技术能力上形成互补的团队来完成。大学也因此开始从事越来越多的交叉学科研究，大学的研究者能够开辟出企业所无法提供的其他经费、科学和人文资源。进行合作研究的又一好处就是人员交流，企业能够招聘大学毕业生，聘用大学的科学家提供咨询，同样企业工作人员也能进入大学兼职。在华盛顿大学圣路易斯分校和前 Monsanto 公司进行合作研究的 20 年中，双方都有人员的相互流动，这种交流能够为彼此提供富有价值的思想，并帮助学生获得实际经验。

---

❶ 德里克·博克. 走出象牙塔：现代大学的社会责任 [M]. 徐小洲, 陈军, 译. 杭州：浙江教育出版社, 2001: 175.

合作研究为大学和企业带来直接利益，有利于提高研究的质量和综合性并降低成本。对于很多企业来说，基础研究花费巨大并具有不确定性，因此企业主要从事应用研究，将基础研究留给大学。在当今世界，企业想要进行产品创新就必须向大学寻求基础研究。产业界与大学进行合作研究具有以下动机：第一，获得企业实验室所没有的专业知识；第二，帮助企业进行技术的更新和扩张；第三，与潜在雇员即学生接触；第四，将大学作为促使企业实验室进行外部联络的一种方式；第五，扩张竞争前研究，包括与大学和其他企业的竞争；第六，提高内部研究能力。❶ 因此，大学科研对于企业来说即使不直接带来新产品也是非常有益的，因为它有助于增强企业的核心能力，有时甚至能打开一个全新的领域并带来新的商业和技术平台。

　　而对于大学来说，与产业界的合作能够促进其教学和科研职能的实现。麻省理工学院的校长查尔斯·维斯特（Charles Vest）概述了大学和产业界之间进行合作的意义：从长远来看，大学-产业界合作可以帮助大学吸引高素质教师，加强教师和学生与产业界的密切互动，促进大学的课程和专业设置更加符合产业界的需求；更加匹配国家面临的挑战。❷ 大学与企业达成合作协议的动机有以下几点：第一，获得外部资金支持以实现大学的教育和科研使命；第二，完成大学进行社会服务的使命；第三，扩展学生和教师的经历；第四，发现具有意义、趣味和关联的研究问题；第五，促进地区经济发展；第六，扩大学生的就业机会。❸ 大学教师能够通过参与到新商业领域以及与市场相关的研究领域

---

❶ Business – Higher Education Forum. Working together, creating knowledge: The University – Industry Research Collaboration Initiative ［EB/OL］.（2001 – 02 – 15）［2024 – 03 – 10］. https：//files. eric. ed. gov/fulltext/ED457765. pdf.

❷ Committee on Science. Unlocking our future: toward a new national science policy ［R/OL］.（1998 – 09 – 01）［2024 – 05 – 03］. https：//www. aaas. org/sites/default/files/s3fs – public/GPO – CPRT – 105hprt105 – b. pdf.

❸ Business – Higher Education Forum. Working together, creating knowledge: The University – Industry Research Collaboration Initiative ［EB/OL］.（2001 – 02 – 15）［2024 – 03 – 10］. https：//files. eric. ed. gov/fulltext/ED457765. pdf.

而受益；另外，很多大学研究者都发现，来自企业的赞助相较于联邦政府来说在经费申请行政程序上要求更为简单。合作研究也为大学生提供了教育支持、实习机会、就业机会、科研知识以及实际经验，帮助他们为未来的职业生涯做准备。与产业界的合作研究还能够提升大学的声望以及加强大学和社区的联系，有助于大学在参与州政府所资助的经济发展项目中获得企业支持，也有助于提高大学在联邦经费申请中的竞争力。

3. 大学–产业界互动对于学术科学规范的挑战

大学和产业界想要有效合作也必须解决很多挑战。罗伯特·K. 默顿所提出的以学术为基础的规范性特征反映了大学的传统社会价值，在很大程度上使大学与企业、政府、教会等其他社会组织区分开来。大学和企业在文化和使命上有着巨大的差异，从而引发了学术价值与商业价值之间的冲突。

学术界和产业界之间的首要区别是二者的目标不同：学术界的目标是创造公共知识以获取同行的尊重，而产业界的目标是通过私有知识来提高竞争优势；大学的传统使命则是发现新知识和教育下一代，而企业的主要目标是获取利润。这一方面，说明学术界和产业界在利益和价值观上存在区别；但另一方面，目标的不同也使它们彼此之间不存在竞争，从而为进行合作创造了可能，只是这种合作需要进行相互协调和妥协。另外，学术界所获得回报是在知识创造上拥有优先权，产业界则是从知识中获得私人利益。学术界所关注的问题是由科学家自主定义的，属于通用性问题，研究产出以论文为主要体现；产业界则主要解决企业利益决定的具体问题，主要的产出是产品，论文只是副产品（见表5–3）。

表5–3 学术界和产业界在利益及价值观上的区别

维度	学术界	产业界
目标	发表公共知识和获得同行尊重	注重用私有知识进行创新
回报	获得发表的优先权	私人利益
关注的问题	自主定义的通用性问题	由企业利益决定的具体问题

续表

维度	学术界	产业界
产出	论文	产品，论文属于副产品
资源	学生、博士后、外部募得的资金	专业的研究者、内部获得的资金

资料来源：HATAKENAKA S. University – industry partnerships in MIT, Cambridge, and Tokyo: storytelling across boundaries [M]. New York: Routledge, 2004: 186.

很多学者担心，在大学和产业界这两种特点和目标完全不同的有机体间形成的共生关系是否平衡。谢尔顿·克瑞姆斯基（Sheldon Krimsky）认为，学术科学和生物科学研究商业化将日益壮大，侵犯研究的道德标准，影响公众对大学研究成果的信心。他认为商业联系会产生内在的利益冲突，这种冲突影响着研究结果的发表。❶ 扎克·海尔（Zach Hall）则表示大学–产业界的合作已经无法避免，生物医学的研究革命带来了合作的必要，复杂的现代生物医学研究工作已经形成一张巨大的"生物互联网"，大学和产业界成为它的一部分。但是，大学和产业界在这个网络之中有着各自的职能，挑战在于如何既保持各自的区别又促进彼此从合作研究中获益。❷

4. 大学–产业界互动面临的障碍

（1）保持学术自由

一些批评者质疑大学从事企业赞助研究的私利性，他们认为一些赞助研究对研究成果进行保密的限制，以及产业合作伙伴有延迟成果发表的要求，这些都违背了大学自由开放地进行知识探索的传统理想。批评者还提出与产业界进行的合作研究会过度影响终身教授席位以及教师晋升的评定，那些从事具有潜在商业价值研究的教师可能会获得优待。如果研究结果会损害某种高利润药品的声誉，那么产业界赞助者很可能会阻碍研究结果的公开和发表，这将影响科学的客观性。还有学者担心，随着

---

❶ KRIMSKY S. Science in the private interest: has the lure of profits corrupted biomedical research? [M] Lanham: Rowman & Littlefield Publishers, Inc., 2004: 4.

❷ STEIN D G. Buying in or selling out? The commercialization of the American research university [M]. Piscataway: Rutgers University Press, 2004: 157.

产业界经费比例的提高，与产业界进行合作研究可能改变大学的研究议程，导致大学更多地从事应用研究而非基础研究。沃伦·科恩（Warren Cohen）等1994年对美国1000个大学－产业界研究合作项目的调查表明，有关基础研究的合作项目占41.1%，有关应用研究的占43.3%，有关开发研究的占15.7%。❶ 大学－产业界合作研究并不会对大学进行基础研究的整体比例产生影响。国家科学基金会的统计表明大学从事基础研究的数量自1980年以来一直保持稳定；戴安娜·希克斯（Diana Hicks）和金伯里·汉密尔顿（Kimberly Hamilton）通过将学术期刊进行研究分类，发现大学在1981—1995年所从事的基础研究的比例保持稳定。除此之外，他们还发现，大学和产业界合作发表的论文的被引用率高于大学单独发表的论文的被引用率，这表明大学研究者通过与产业伙伴的合作事实上提升了他们的科学影响力。同样，还有一些研究也表明，获得产业界资助的研究者相较于未获得产业界资助的研究者，在同等影响力期刊中的论文发表率更高。❷

（2）知识产权和保密性问题

知识产权问题通常是合作伙伴所面临的首要障碍。一些企业担心大学试图为更多的知识申请专利，研究成果的发表也容易引起双方的矛盾。企业不希望其竞争者获得有价值的信息，而大学科学家则希望早日发表研究成果。大多数合作协议允许企业将大学研究者的文章发表延迟60—90天，从而为准备专利申请留出时间，这一限制已经得到公认。但是很多企业将发表的时间推迟得更久，根据加州大学伯克利分校与诺华生物公司签署的协议，成果发表可以推迟4个月。而根据研究者对210家生物科学企业的调查，58%的赞助研究要求成果发表推迟6个月。❸

---

❶ MIYATA Y. An empirical analysis of innovative activity of universities in the United States [J]. Technovation, 2000, 20 (8): 413–425.

❷ Business – Higher Education Forum. Working together, creating knowledge: The University – Industry Research Collaboration Initiative [EB/OL]. (2001 – 02 – 15) [2024 – 03 – 10]. https://files.eric.ed.gov/fulltext/ED457765.pdf.

❸ SMITH W, BENDER T. American higher education transformed, (1940 – 2005): documenting the national discourse [M]. Baltimore: The Johns Hopkins University Press, 2008: 426.

(3) 对学生的影响

大学-产业界的合作对于学生的影响是隐性的。大学和教师必须确保与企业进行的合作研究不会使学生参与过多的保密研究或在发表上有太多限制而妨害学生的学术工作，参与产业赞助研究的学生比仅参加纯学术研究的学生要晚半年获得博士学位的情况并不罕见。大学教师在指导学生的学位论文之时也要注意不会将学生不感兴趣的选题强加在学生身上，并防止可能出现的企业保密限制而导致论文无法发表的情况。

(4) 财政上的影响

产业界提供的研究经费对于大学来说有着其他风险。州政府可能由于大学能够获得大量的产业资助而减少对公立大学的拨款，而大学则需要转移更多的内部资源来支持产业合作研究，这种成本转移对于大学的财政和组织结构有着重要影响。如果企业利益影响着大学的预算，那么大学势必将在某种程度上失去它的独立性而冒险去迎合企业的利益。企业合作研究所带来的经费机会可能也会诱导大学分配更多的内部资源来吸引和管理合作项目，从而减少对其他院系的投入。

另外，产业界在与大学进行合作的过程中也承担着风险。大多数领域的大学专利具有"初级性"，需要漫长的开发周期，通常从发明的产生到形成商业产品要经历约15年的周期。在这一过程中，属于公共物品的基础研究成果逐步转化为同时具有公共物品和私人物品两种属性的技术成果。这一过程的结果由两大不确定因素——技术风险（是否能够转化成该技术？）和市场风险（市场回报是否大于投入）所决定。❶ 很多专利都因为开发成本太高或是市场太过狭窄而未能完成产品的开发而失败。将大学科研成果整合进产品开发过程是一项相当复杂的工作。内部研究能够应对商业需求就已经具有相当的难度，与没有任何经验的外部组织进行合作则是一个更大的挑战。如果说企业无法将外部研究成果整合进产品和服务开发过程，那么外部合作的效用就是有限的。

---

❶ GEIGER R L, SÁ C M. Tapping the riches of science: universities and the promise of economic growth [M]. Cambridge: Harvard University Press, 2008: 33.

5. 寻找大学和产业界利益的平衡

随着社会的发展，大学已不再只是进行教学与科研的"象牙塔"，而是要使知识流动起来，将知识转化为技术创新的源泉，并进而通过技术转移实现技术的市场价值，服务于社会，使之成为整个社会的财富。❶ 在20世纪前20年，只有大约1/3的科学论文来自大学；到20世纪中叶，大学在科学论文中的份额已经增长到50%，到20世纪80年代继续攀升，到2000年已经达到85%。❷ 产业界需要大学为其提供基础研究，大学也需要产业界的支持以更好地实现其教育、科研和社会服务的职能，因此面对学术价值和商业价值的文化冲突，大学和产业界应当寻找彼此的利益平衡，更好地进行合作。

（1）实用主义的产学研合作文化

美国拥有高度发达和成功的产学研合作体系，麻省理工学院、加州理工学院和斯坦福大学在这方面是世界其他大学的典范，事实上，美国在大学与产业合作方面取得成功有许多因素在起作用。首先，是产学研合作的文化。约翰·杜威式的实用主义传统在美国大学中占据主导地位，使大学认为与产业界的合作不仅不会影响基础研究的纯洁性，而且是可以促进知识发展的。其次，美国的大学体系和所有制多样化（如拥有大量世界一流的私立大学）创造了一个更具竞争性的环境，使大学能够创新并与产业界竞争。最重要的是，美国大学的等级制度比许多其他国家的大学要低得多，在其他国家，教师必须成为正教授才能与产业界合作或创办新公司。❸ 在许多州，州政府和地方政府鼓励并支持公立大学与产业界进行更密切的合作。

---

❶ 武学超. 美国研究型大学技术转移政策研究［D］. 重庆：西南大学，2009：2.
❷ BAKER D P, POWELL J J W. Global Mega-Science：universities, research collaborations, and knowledge production［M］. Stanford：Stanford University Press，2024：35-36.
❸ Information Techonology & Innovation Foundation. Understanding the U. S. national innovation system（2020）［EB/OL］.（2020-11-21）［2024-05-01］. https：//www2. itif. org/2020-us-innovation-system. pdf.

（2）大学坚守自身的文化和学术准则

想要建立成功的产学互动关系，大学不能忽视开展教学和基础研究的终极目标，大学要保留自身的文化，否则就无法为产学研合作伙伴关系带来价值，同时从结果上应当坚持共赢原则，追求大学和产业界利益之间的平衡。具体来说：第一，坚守学术准则。在与产业界进行合作的同时，大学不能偏离学术准则，必须在履行其学术职责、完成核心职能的前提下，有选择性地从事具有一定学术价值的商业性科研活动，并且不依赖于这些商业活动所带来的额外收入，还要通过产学合作来扩展大学的教学职能。一些大学－产业界之间合作的成功案例表明，大学经济功能的发挥恰恰是以其卓越的教育功能和科研功能为依托的。第二，支持成果发表。受益于联邦经费资助的大学科研人员不应该在发表或通过其他方式传播研究成果上受到阻碍，不平衡的政策包括对发表的限制会损害科学知识追求和传播，也会损害大学研究生教育，而研究生教育是现代大学的核心使命，也是大学与行业互动和技术转让的重要渠道。第三，鼓励创业文化。产学合作从方式上应当创建良好的创业文化，并让教师和学生对产学合作协议具有知情权，大学的目标要早日与企业进行沟通，使产学合作的职能清晰并提供适当的资源，从而使双方的共同合作目标得到实现。第四，促进大学自身建设。大学－产业界的合作应当促进大学的师资建设、研究生教育以及基础设施建设。工程研究中心项目是这一方面的成功案例。国家科学基金会最初为该项目提供了每年10万美元（后提高为70万美元）的资助，为期5年，而到2000年，工程研究中心仅从国家科学基金会就得到了520万美元的资助，从其他来源特别是产业界得到的资助达到了6800万美元。[1] 在这个项目中，由大学来决定研究的目标并招募企业合作者；国家科学基金会来负责筛选最佳的课题申请，提供大部分经费；产业界能够从政府的投资中获益，只需要付出少量成本。国家科学基金会是推动者，产业界是主要运行经费的资

---

[1] GEIGER R L. Knowledge and money：research universities and the paradox of the marketplace [M]. Stanford：Stanford University Press，2004：199.

助者，大学是项目的承担者，来自产业界的大量需求使项目获得成功。总之，大学应当将产学合作看作教职工和学生接触前沿技术的一种手段，而不是将目光集中于专利收入上，而产业界应当将大学视为新思想的源泉和科学世界的窗口，为企业的技术更新提供信息来源，只有这样才能形成稳定、富有成效的合作关系。

二、大学科研商业化的影响

科学的逻辑是大学创造的知识应该免费提供，因此大学从知识中获利的做法一度受到质疑。但是到了 20 世纪 80 年代，这种态度发生了变化，越来越多的大学开始寻求专利研究，人们认为专利技术有利于鼓励私人公司对发明进行投资，有利于防止公共资助的研究被闲置，因此大学有责任申请专利，仅仅创造知识是不够的，大学还需要市场的力量来确保知识得到应用。[1]

1. 科研商业化形成的冲突

20 世纪 80 年代，随着生物技术革命的发生和向实用研究的转变，美国大学处于知识的中心，同时社会要求大学尽可能迅速地传播知识，这为大学涉足商业领域带来了比较优势。在 21 世纪，大学科研的商业化似乎已经成了一种不可阻挡的潮流，科研的商业化能够带来溢出效应，促进经济发展。传播知识和进行公共服务是大学的职能，但是这些职能的实现依赖于大量的资源，商业收入的获得能够促进大学公共服务的实现和增加大学的知识资源。大学科研职能的实现要求其保持与新兴技术的接触，而这些新兴技术处于大学和产业界的互动之中，大学在基础研究上的领导力也依赖于商业应用的增加。因而，大学科研成果投入商业市场之中和获取额外收入日益成为一种常态。然而，对大学科研商业化的批评之声不绝于耳，主要关注点在于如何使教学和科研的基本职能与知

---

[1] BERMAN E P. Creating the market university：how academic science became an economic engine [M]. Princeton：Princeton University Press，2012：95.

识的商业化相互兼容的问题。

首先,非营利的大学进行营利活动的矛盾性。非营利机构是不能进行利润分配的,因此私人或企业从商业化中获取利益。科学的商业化对于科学家来说是促进了知识的应用,而对于企业家来说则意味着获取利润,而这种利润又是通过公共经费的投入所产生的。因而形成了公共利益与私人利益之间的冲突,公立大学在此方面面临的矛盾更为显著。毋庸置疑,对基础研究进行的公共经费投入应当使公众受益,关键的问题是,"将发明的所有权给谁能够最快地实现公共利益?"据调查,联邦政府所拥有的专利只有5%进行了技术许可,而《拜杜法案》实施以后,大学所拥有的专利中有50%进行了技术许可。[1] 大学可以在指向公共利益而不是它们自己的利益角度下更负责任地实现专利与技术许可的管理,由产业界将学术界所发表的成果利用起来也能够促进公共利益更好地得到实现,因此,将专利权留给大学是最符合公共利益的。但是,如果大学在专利和技术许可活动上走得太远,并开始追求最大利益的行为,学术研究给予的广泛支持就会减弱。

其次,教学和科研的基本职能与技术转化的新职能之间的矛盾。如何在教学和科研之间取得平衡已经是一个难以回答的问题,如今的大学还要进行技术转化,这是否会挤压大学的基本职能?如何在各种职能间取得平衡?这些问题较以前更加复杂且不一定能够获得一些教师的认可和接受。安德鲁·托勒(Andrew Toole)等认为,学术工作者参与创业活动会影响大学的科研产出从而损害大学的组织职能。他们对1975—1996年生命科学领域的学术型创业者科研产出的研究发现,一是学术型创业者和获得国家卫生研究院资助的其他未参与创业活动的学术工作者相比,学术型创业者的科研产出更高;二是学术型创业者在进行创业活动之前的科研产出和创业之后的科研产出相比,除专利产出外,其他方面的科

---

[1] METLAY G. Reconsidering renormalization: stability and change in 20th – century views on university patents [J]. Social Studies of Science, 2006, 36 (4): 565 – 597.

研产出均有所下降。❶ 因此，进行创业的大学教师通常是大学科研产出较高的教师，但是一旦参加创业活动之后，其科研产出主要集中于技术转化而非论文发表上。因此，大学的管理人员和政策制定者在支持技术转化的同时也应当考虑这一行为所带来的牺牲学术知识产出的潜在可能。

最后，大学基本职能是推动知识的发展和对知识进行传播。而技术转化由于涉及商业利益而时常要求保密，限制知识的及时公开。大学科研的赞助者在决定大学生产公共知识方面起到重要作用，由于大学科研的主要赞助者仍然是联邦政府，因而公共利益并不会受到威胁。相反，如果大学日益依赖于商业赞助者，那么大学的基本职能就会受到影响。一些学者认为，基本科学工具或研究程序也越来越多地涉及所有权问题，这可能会进一步减少科学知识的开放性。学术专利的增长可能使教师或大学推迟研究成果的发表、限制研究材料的分享、限制在科学共同体中通过学术会议或非正式交流分享研究成果。

大学从事商业活动与大学对教学和科研的无私利性的追求之间存在一种天然的张力，这种张力可能会发生直接冲突从而损害大学的判断，并影响公众对大学主要职能的信任，这包括一系列与学术惯例相违背的默许行为——研究的保密性和不合作性、将外国公司排除在技术转化范围之外、滥用研究生、将教师的时间分割为教学和研究。❷ 根据《高等教育纪事报》（*Chronicle of Higher Education*）的民意调查，虽然大多数人对于大学间体育活动的商业化并不赞成，但是对于"大学科研应当使美国更具有商业竞争力""应当帮助地区经济吸引新企业"这些问题，有2/3的人认为是重要的。❸ 并且，政治家和学术领导者之间都达成共识，即不论是公立大学还是私立大学，它们都有促进经济发展的任务。

---

❶ TOOLE A A, CZARNITZKI D. Commercializing science：is there a university "brain drain" from academic entrepreneurship？［J］. Management Science，2010，56（9）：1599 - 1614.

❷ GEIGER R L. Research and relevant knowledge：American research universities since World War II［M］. New York：Oxford University Press，1993：320.

❸ GEIGER R L. The commercialization of the university［J］. American Journal of Education，2004，110（4）：389 - 399.

2. 对学术科学规范的再释

根据罗伯特·K. 默顿所提出的科学规范，"公有性"意味着减少科学的知识产权设置，完整开放地交流该规范的实现方式，保密是其对立面。无私利性体现的是科学家和社会的制度关系，科学家要创造知识，要为公共利益服务。20世纪80年代以来，越来越多的科学家和研究机构在促进知识发展的同时也开始将知识资本化，这使默顿关于科学的"公有性"和"无私利性"的规范受到质疑。随着科学知识对于经济发展的贡献日益明显，知识产权日益被视为一种促进未来经济增长的金融资本，研究型大学也开始具有了某些商业化特点。"公有性"原则在某些学科领域中已经变为"有限的保密"（limited secrecy）[1]的标准，研究成果可以在其经济价值得到保护之前暂不公开。这不仅带来了大学内部的组织变化，还带来了认知和行为上的变化。大学科学家正在经历着一种规范上的变化过程，对默顿提出的有关"科学气质的公有性与作为资本主义经济中的'私有财产'的技术是不兼容的"这种经典学术规范开始进行再释和修改。[2] 随着科学成为一种巨大的经济动力，科学和社会的关系也开始重构。科学机构已经一改曾经的软弱、孤立地位，开始成为强大的、处于中心地位的社会机构，这改变了科学的组织方式、角色以及规范。

科研成果开始被定义为"知识产权"，最具名望的大学科学家开始创立公司，将他们的研究成果进行商业化。创业型科学家成了优秀科学家崇尚的榜样，对于越来越多的科学家来说，参与企业的创办成了科学成就的新徽章，从事创业工作开始被视为一件很平常的事情，也并不意味着要丢弃教职。创业型科学家相信他们的行为是符合科学价值观的，只有少数人认为自己偏离了科学规范。当行为与现有价值观相互冲突，而深层价值观仍然保持稳定时，新的规范就会与这些深层规范保持一致。

---

[1] ETZKOWITZ H. Normative change in science and the birth of the Triple Helix [J]. Social Science Information, 2011, 50 (3-4): 549-568.

[2] ETZKOWITZ H. Normative change in science and the birth of the Triple Helix [J]. Social Science Information, 2011, 50 (3-4): 549-568.

因而,"知识的资本化"与促进知识生产的职能相一致,出售知识产权与实现大学的服务职能相一致。当人们感觉价值观没有受到威胁的时候,对于曾经排斥的行为进行再释也就变得不那么引人注目;当规则制定者由于害怕失去权威而不愿承认变化,或者当变化所牵涉的人为了自身利益或没有利益关系而不进行反对时,规则的改变也会悄无声息地进行。对于在新的研究条件下工作的科学家来说,可能有两套相关的规范同时运行,这从而创造了一种天然的不稳定情形。在这种紧张状态中,主导性规范和从属性规范之间的社会学矛盾选择就会出现,两种规范轮换发生作用。[1]

因此,需要有一种能够使两套规范互相兼容的机制来减少乃至消除二者之间的冲突。然而,如果没有出现这样一种运行法则来解决这种矛盾冲突,那么就要通过对规范进行再释或替代的方式来解决。当社会结构变化使相互对立的规范期待成为一种新的互补关系或者一套规范为另一套规范所取代时,就会出现社会学的协调状态(sociological consonance),这种规范变化不是一种个别现象,而是一个众人在有了共同经历后表达出相似的新结论的社会过程,创业性就是通过合法性将两种活动整合为互补关系,从而与基础研究的职能相互兼容。[2] 例如,科学家声称,研究商业化所获得的收入将用于促进他们在基础研究方面的利益。一些学者将学术界和产业界之间边界的制度性变化看成一种线性的历史过程,认为创业科学的新逻辑最终会取代传统的学术制度逻辑。科学家自身也能够对这些制度变化进行解释和塑造,他们也改变着科学和商业的分界。[3] 新制度主义理论者将制度的变化和再生产视为一种动态的、不断持续的过程。克里斯汀·奥列弗(Christine Oliver)提出,个人和组织

---

[1] ETZKOWITZ H. Normative change in science and the birth of the Triple Helix [J]. Social Science Information, 2011, 50 (3-4): 549-568.

[2] ETZKOWITZ H. Normative change in science and the birth of the Triple Helix [J]. Social Science Information, 2011, 50 (3-4): 549-568.

[3] LAM A. From "ivory tower traditionalists" to "entrepreneurial scientists"?: academic ccientists in fuzzy university-industry boundaries [J]. Social Studies of Science, 2010, 40 (2): 307-340.

并不会简单地服从制度压力,而是对制度压力进行积极的回应,在某些情况下还对其进行改造,其中有五种战略性回应:默许、妥协、回避、违抗和控制。[1] 不同的行为者根据他们所处的社会结构采取不同的态度和参与模式。如,一些科学家愿意遵循传统的基础研究规范,而另一些则更加重视科学的商业化,还有一些兼具大学科学家和创业者的特点。在旧模式和新模式之间,大部分科学家还体现出一种"混合"特性,善于在科学和商业之间找到自己的位置。因此,市场逻辑不会主导学术科学,多样性在大学中也还将持续。[2] 托马斯·F.基恩(Thomas F. Gieryn)研究了科学家如何保护专业自治和增加研究资源。他的研究发现,当科学家想要保护专业自治时,他们就在基础科学和应用科学之间划分一道明显的界限,从而使基础科学不受政府的干预;而当科学家试图获得更多的资源和公众对研究的支持时,这个边界就变得模糊。[3] 菲奥娜·莫瑞(Fiona Murray)研究了美国遗传学的专利制度受到抵制和接受的过程,政府鼓励大学专利活动的初衷是促进大学科研成果的技术转化,然而,在此过程中,大学教师将专利活动视为建立学术声誉的额外经费来源并将其作为排除商业干涉的一种方式,这对专利活动的意义进行了再释。[4]

3. 学术科学与商业科学的融合

很多学者认为商业科学和学术科学在新科技知识的传播和应用方面是相互矛盾的。然而,事实上,这两种不同的制度体系已经从相互分离日益变得相互融合。[5] 将商业科学的规则和标准引进大学是变革性的,因为这一行为改变着学术科学的制度逻辑和组织安排。

---

[1] OLIVER C. Strategic responses to institutional process [J]. Academy of Management Review, 1991, 16 (1): 145-179.

[2] LAM A. From "ivory tower traditionalists" to "entrepreneurial scientists"?: academic ccientists in fuzzy university–industry boundaries [J]. Social Studies of Science, 2010, 40 (2): 307-340.

[3] GIERYN T F. Cultural boundaries of science: credibility on the line [M]. Chicago: University of Chicago Press, 1999: 63.

[4] LAM A. From "ivory tower traditionalists" to "entrepreneurial scientists"?: academic ccientists in fuzzy university–industry boundaries [J]. Social Studies of Science, 2010, 40 (2): 307-340.

[5] OWEN-SMITH J. From separate system to a hybrid order: accumulative advantage across public and private science at Research One Universities [J]. Research Policy, 2003, 32: 1081-1104.

学术科学和商业科学，或者说公共科学和私人科学，代表着科学发现的、使用、传播和评估方面的不同制度安排，有着明显的区分。专利制度和发表各自代表着进行科学研究和组织的两种不同制度模式：发表作为公共科学产出的主要途径是属于学术科学的领域，而专利则主要是产业界的事务；发表通过同行评议的程序实现，将科学发现置于公共领域之中，而专利遵守的是法律和官僚标准，为知识提供有限的垄断权；发表不需要进行保密，而专利的效能依赖于使用者保护财产的能力。❶ 然而，专利权与公开享有知识的原则并不冲突，获得的权利并不涉及知识本身的发现问题，而只是与其用于商业目的有关。事实上，专利权制度的真正意义是为了鼓励发明者公开自己的发现，不要秘而不宣地把它作为一种竞争工具，有时科学家也可能会推迟几个月发表或出版自己的研究观点，直至研究成果已经达到可以提出申请专利的程度。但是，即使没有专利权，教授们也可能很想隐瞒有商业价值的发现成果，不公之于众，将此类知识成果转卖给公司后无限期地成为商业秘密。❷

将商业价值引入传统上由学术科学统治的大学组织之中也会改变大学的活动和安排。对于学术研究机构来说，私人领域的规则改变了对成功的衡量标准，针对同一个科学发现还要建立新的政策和程序，对公共科学和私人科学进行不同的管理。公共科学和私人科学的融合改变了公共科学领域内的地位分层和大学间竞争的条件，如今的科学发现既具有公共用途，又具有私人用途，从而使一种兼具公共科学和私人科学混合制度的体系建立起来。传统上，科学家只需凭借好奇心来进行知识的探索，不需要考虑知识的商业应用；大学的科研创新都还是初级阶段的"概念证明"，不存在多大的商业价值。而今，那些建立起有效程序推动发明披露和专利申请的大学将更具有优势，早期开展专利活动的大学能够取得更大的成功，在专利活动上也形成马太效应。公共科学是按照声

---

❶ OWEN-SMITH J. Trends and transitions in the institutional environment for public and private science [J]. Higher Education, 2005, 49: 91-117.
❷ 德里克·博克. 走出象牙塔：现代大学的社会责任 [M]. 徐小洲, 陈军, 译. 杭州：浙江教育出版社, 2001: 176.

誉对大学进行分层，而私人科学却是按照大学组织能力的差异进行分层。❶

大学从未通过科研创造出像今天一样的经济价值。创造新产品并将其推向市场这种看起来属于商业领域的行为开始成为大学行为，尤其是在涉及大额商业利益的医学领域，产业界也试图对大学科研的各种标准产生影响。学术界和市场之间的关系变化不仅对学术工作的外部环境提出了挑战，而且也影响了学术专业身份。大学科学家的专业角色根植于科学共同体之中，与外界有着明显界限，这些规范被学术共同体视为一种为了促进自由追求知识的默认理想。尽管科学家在实践中并不总是坚持这些理想，但是它对于科学共同体有着重要的规范意义，并且支持着共同体的专业自治和角色认同。随着市场对学术界的介入，科学家在不断商业化的过程中也在转换着自身的角色。❷然而，认为大学的商业活动代表学术科学的全部活动是具有误导性的，因为大学仍然主要从事着基础研究，仍然以学术标准而非金钱标准进行运作，仍然通过科学标准和同行评议体制来进行质量控制。基础研究以意想不到的、不可预测的方式推动着国家的发展。美国前总统里根指出，"虽然基础研究并不是以特定的实际目标开始的，但当你看看多年来的结果时，它最终成为政府所做的最实际的事情之一"。❸ 美国 20 世纪 80 年代以来的发展经验表明，加强大学的经济相关性并不是说大学要功利主义地迎合社会的需要，绝大多数科学都是为了科学知识本身，无论预期应用成效如何，科学都会产生新知识，按照自己的节奏和规则发展。虽然科学需要得到政府和社会的经费支持，但是政府和社会并不能左右科学探索的方向，越是成功的研究，越是来源于长期的科学研究积累，美国宾夕法尼亚大学

---

❶ OWEN – SMITH J. From separate system to a hybrid order：accumulative advantage across public and private science at Research One Universities [J]. Research Policy，2003，32：1081 – 1104.

❷ LAM A. From "ivory tower traditionalists" to "entrepreneurial scientists"?：academic ccientists in fuzzy university – industry boundaries [J]. Social Studies of Science，2010，40（2）：307 – 340.

❸ National Science Foundation. Research & Innovation：ensuring America's economic and strategic leadership [EB/OL]. （2020 – 10 – 22）[2024 – 05 – 08]. https：//www.nsf.gov/pubs/2020/nsbct102219/nsbct102219.pdf.

新冠病毒疫苗研发的成功正是建立在研究者数十年对生命科学领域基础知识的探索之上。尽管功利主义呼吁大学更多地服务社会目标,但是科学始终在坚守其独特的文化,坚守着科学研究所需要的自由的创造力和创业精神。

参考文献

一、中文文献
（一）中文著作及译著

［1］董金华. 科学技术与政治之间的社会契约关系［M］. 北京：知识产权出版社，2010.

［2］樊春良. 全球化时代的科技政策［M］. 北京：北京理工大学出版社，2005.

［3］龚旭. 科学政策与同行评议［M］. 杭州：浙江大学出版社，2009.

［4］李正风. 科学知识生产方式及其演变［M］. 北京：清华大学出版社，2006.

［5］刘宝存. 大学理念的传统与变革［M］. 北京：教育科学出版社，2004.

［6］王春法. 主要发达国家国家创新体系的历史演变与发展趋势［M］. 北京：经济科学出版社，2003.

［7］易高峰. 崛起中的创业型大学：基于研究型大学模式变革的视角［M］. 上海：上海交通大学出版社，2011.

［8］伯顿·克拉克. 高等教育新论：多学科的研究［M］. 王承绪，等译. 杭州：浙江教育出版社，2001.

［9］德里克·博克. 走出象牙塔：现代大学的社会责任［M］. 徐小洲，陈军，译. 杭州：浙江教育出版社，2001.

［10］大卫·古斯通. 塑造科学与技术政策：新生代的研究［M］. 李正风，等译. 北京：北京大学出版社，2011.

［11］大卫·科伯. 高等教育市场化的底线［M］. 晓征，译. 北京：北京大学出版社，2009.

［12］D. E. 司托克斯. 基础科学与技术创新：巴斯德象限［M］. 周春彦，谷春立，译. 北京：科学出版社，1999.

[13] 达里尔·E. 楚宾, 爱德华·J. 哈克特. 难有同行的科学: 同行评议与美国科学政策 [M]. 谭文华, 曾国屏, 译. 北京: 北京师范大学出版社, 2011.

[14] 亨利·埃兹科维茨. 麻省理工学院与创业科学的兴起 [M]. 王孙禺, 袁本涛, 等译. 北京: 清华大学出版社, 2007.

[15] 亨利·埃兹科维茨. 三螺旋: 大学·产业·政府三元一体的创新战略 [M]. 周春彦, 译. 北京: 东方出版社, 2005.

[16] 克拉克·克尔. 大学之用 [M]. 高铦, 高戈, 汐汐, 译. 北京: 北京大学出版社, 2008.

[17] R. K. 默顿. 科学社会学 [M]. 鲁旭东, 林聚任, 译. 北京: 商务印书馆, 2003.

[18] 沃尔特·W. 鲍威尔, 保罗·J. 迪马吉奥. 组织分析的新制度主义 [M]. 姚伟, 译. 上海: 上海人民出版社, 2008.

[19] 希拉·斯劳特, 拉里·莱斯利. 学术资本主义: 政治、政策和创业型大学 [M]. 梁骁, 黎丽, 译. 北京: 北京大学出版社, 2008.

[20] 詹姆斯·杜德斯达, 福瑞斯·沃马克. 美国公立大学的未来 [M]. 刘济良, 译. 北京: 北京大学出版社, 2006.

[21] 迈克尔·吉本斯, 卡米耶·利摩日, 黑尔佳·诺沃提尼, 等. 知识生产的新模式: 当代社会科学与研究的动力学 [M]. 陈洪捷, 沈文钦, 译. 北京: 北京大学出版社, 2011.

(二) 中文期刊

[1] 耿益群. 美国研究型大学跨学科研究中心与大学创新力的发展:基于制度创新视角的分析 [J]. 比较教育研究, 2008 (9).

[2] 刘宝存. 国外大学学科组织的改革与发展趋势 [J]. 教育科学, 2006 (2).

[3] 刘凡丰, 董金华. 知识经济时代的美国州政府科技政策评述 [J]. 科学学与科学技术管理, 2008 (12).

[4] 孙孟新. 21 世纪美国科学政策 [J]. 科学学研究, 2004 (6).

[5] 汤晓蒙. 高等教育趋同现象探析: 新制度学派理论的视角 [J]. 教育发展研究, 2009 (3).

[6] 唐素琴, 罗先觉. 生物医学研究对美国大学专利和许可活动的影响 [J]. 自然辩证法研究, 2010 (10).

[7] 武学超. 模式 II 的知识生产观的提出与学术争论 [J]. 江苏高教, 2010 (3).

［8］许长青. 产学新型合作伙伴关系的国际考察：美国案例研究［J］. 高等工程教育研究，2009（2）.

［9］徐辉. 美国大学技术转移中的困境：《贝多法案》及其启示［J］. 比较教育研究，2008（12）.

［10］王骥. 从洪堡理想到学术资本主义：对大学知识生产模式转变的再审视［J］. 高教探索，2011（1）.

［11］王艳. 二战后美国科技政策的演变以及对我国的启示［J］. 世界科技研究与发展，2000（1）.

［12］王珍珍，甘雨姣. 创新驱动发展的模式及路径选择：美、德、日的比较与借鉴［J］. 中国科技论坛，2017（7）.

［13］易红郡. 学术资本主义：世界高等教育发展的新理念［J］. 教育与经济，2010（3）.

［14］张维红. 学术资本主义对高等教育的影响分析［J］. 当代教育论坛：综合研究，2011（1）.

［15］赵婷婷，邓彤，苗苗. 美国大学与企业的科研联系模式对教师科研自由的影响［J］. 比较教育研究，2008（5）.

（三）中文学位论文

［1］王雁. 创业型大学：美国研究型大学模式变革的研究［D］. 杭州：浙江大学，2005.

［2］王占军. 高等院校组织趋同的机制研究［D］. 北京：北京师范大学，2009.

［3］武学超. 美国研究型大学技术转移政策研究［D］. 重庆：西南大学，2009.

二、英文文献

（一）英文著作

［1］BAKER D P, POWELL J J W. Global mega–science：universities, research collaborations, and knowledge production［M］. Stanford：Stanford University Press，2024.

［2］BERMAN E P. Creating the market university：how academic science became an economic engine［M］. Princeton：Princeton University Press，2012.

［3］GIBBONS M, LIMOGES C, NOWOTNY H, et al. The new production of knowledge：the dynamics of science and research in contemporary societies［M］. London：Sage Publications Ltd，1994.

［4］ GEIGER R L. Research and relevant knowledge: American research universities since World War II ［M］. New York: Oxford University Press, 1993.

［5］ GEIGER R L. Knowledge and money: research universities and the paradox of the marketplace ［M］. Stanford: Stanford University Press, 2004.

［6］ GEIGER R L, SÁ C M. Tapping the riches of science: universities and the promise of economic growth ［M］. Cambridge: Harvard University Press, 2008.

［7］ GEIGER R L. American higher education since world war II: a history ［M］. Princeton: Princeton University Press, 2019.

［8］ GIERYN T F. Cultural boundaries of science: credibility on the line. Chicago ［M］. Chicago: University of Chicago Press, 1999.

［9］ HATAKENAKA S. University–industry partnerships in MIT, Cambridge, and Tokyo: storytelling across boundaries ［M］. New York: Routledge, 2004.

［10］ KRIMSKY S. Science in the private interest: has the lure of profits corrupted biomedical research? ［M］. Lanham: Rowman & Littlefield Publishers, Inc., 2004.

［11］ LIBECAP G D. University entrepreneurship and technology transfer: process, design, and intellectual property ［M］. London: Elsevier, 2005.

［12］ MILLER R C, BOEUF B L. Developing university–industry relations: pathways to innovation from the west coast ［M］. San Francisco: Jossey–Bass, 2009.

［13］ MOWERY D C, NELSON R R, SAMPAT B N, et al. Ivory tower and industrial innovation: university–industry technology transfer before and after the Bayh–Dole Act ［M］. Stanford: Stanford University Press, 2004.

［14］ National Research Council of the National Academies. Managing university intellectual property in the public interest ［M］. Washington, D. C.: National Academies Press, 2011.

［15］ POWELL J J W, BAKER D P, FERNANDEZ F. The century of science: the global triumph of the research university ［M］. Bingley: Emerald Publishing Limited, 2017.

［16］ SHANE S A. Academic entrepreneurship: university spinoffs and wealth creation ［M］. Northampton: Edward Elgar Publishing Inc., 2004.

［17］ SLAUGHTER S, RHOADES G. Academic capitalism and the new economy: markets, state and higher education ［M］. Baltimore: The Johns Hopkins University Press, 2004.

[18] SMITH W, BENDER T. American higher education transformed, 1940-2005: documenting the national discourse [M]. Baltimore: The Johns Hopkins University Press, 2008.

[19] STEIN D G. Buying in or selling out? The commercialization of the American research university [M]. Piscataway: Rutgers University Press, 2004.

[20] STEPHAN P E, EHRENBERG R G. Science and the university [M]. Madison: The University of Wisconsin Press, 2007.

[21] THORP H, GOLDSTEIN B. Engines of innovation: the entrepreneurial university in the twenty-first century [M]. Chapel Hill: The University of North Carolina Press, 2010.

[22] VEST C M. The American research university from World War II to world wide web: governments, the private Sector, and the emerging meta-university [M]. Berkeley: University of California Press, 2007.

[23] WEBER L E, DUDERSTADT J J. University research for innovation [M]. London: Economica Ltd, 2010.

(二)英文期刊

[1] ALIC J A. Postindustrial technology policy [J]. Research Policy, 2001 (6).

[2] ADAMS J D, CLEMMONS J R. The role of search in university productivity: inside, outside, and interdisciplinary dimensions [J]. Industrial and Corporate Change, 2011, 20 (1).

[3] BUCCOLA S, ERVIN D, YANG H. Research choice and finance in university bioscience [J]. Southern Economic Journal, 2009, 75 (4).

[4] DIMAGGIO P J, POWELL W W. The iron cage revisited: institutional isomorphism and collective rationality in organizational fields [J]. Journal of Economic Sociology, 2010, 11 (1).

[5] ETZKOWITZ H. Innovation in innovation: the triple helix of university-industry-government relations [J]. Social Science Information, 2003, 42 (3).

[6] ETZKOWITZ H. Normative change in science and the birth of the Triple Helix [J]. Social Science Information, 2011, 50 (3-4).

[7] GEIGER R L. The commercialization of the university [J]. American Journal of Education, 2004, 110 (4).

[8] GEIGER R L, SA C. Beyond technology transfer: US state policies to harness universi-

ty research for economic development [J]. Minerva, 2005, 43 (1).

[9] GEIGER R L. The quest for "economic relevance" by US research universities [J]. Higher Education Policy, 2006, 19: (4).

[10] GEIGER R L. University supply and corporate demand for academic research [J]. The Journal of Technology Transfer, 2012, 37 (2).

[11] GREGORIO D D, SHANE S. Why do some universities generate more start-ups than others? [J]. Research Policy, 2003, 32 (2).

[12] HATHER, G J, HAYNES W, HIGDON R, et al. The United States of America and scientific research [J]. PLoS One, 2010, 5 (8).

[13] HEGDE D. Public and private universities: unequal sources of regional innovation? [J]. Economic Development Qarterly, 2005, 19 (4).

[14] HEISEY P W, ADELMAN S W. Research expenditures, technology transfer activity, and university licensing revenue [J]. The Journal of Technology Transfer, 2011, 36 (1).

[15] HSU D, BERSTEIN T. Managing the university technology licensing process: findings from case studies [J]. Journal of the Association of University Technology Managers, 1997, 9.

[16] KIM E H, MORSE A, ZINGALES L. Are elite universities losing their competitive edge? [J]. Journal of Financial Economics, 2009, 93 (3).

[17] LAM A. From "ivory tower traditionalists" to "entrepreneurial scientists"?: academic ccientists in fuzzy university-industry boundaries [J]. Social Studies of Science, 2010, 40 (2).

[18] LANE N. US science and technology: an uncoordinated system that seems to work [J]. Technology in Society, 2008, 30 (3).

[19] LOUIS K, JONES L M, ANDERSON M, et al. Entrepreneurship, secrecy, and productivity: a comparison of clinical and non-clinical life sciences faculty [J]. The Journal of Technology Transfer, 2001, 26 (3).

[20] METLAY G. Reconsidering renormalization: stability and change in 20th-century views on university patents [J]. Social Studies of Science, 2006, 36 (4).

[21] MEYER J W, ROWAN B. Institutionalized organizations: formal structure as myth and ceremany [J]. American Journal of Sociology, 1977, 83: 340-363.

[22] MIYATA Y. An empirical analysis of innovative activity of universities in the United States [J]. Technovation, 2000, 20 (8).

[23] MOHRMAN K, MA W H, BAKER D P. The research university in transition: the emerging global model [J]. Higher Education Policy, 2008, 21 (1).

[24] MOWERY D C. The changing structure of the US national innovation system: implications for international conflict and cooperation in R & D policy [J]. Research Policy, 1998, 27 (6).

[25] MOWERY D C, ZIEDONIS A A. Academic patent quality and quantity before and after the Bayh – Dole act in the United States [J]. Research Policy, 2002, 31 (3).

[26] OLIVER C. Strategic responses to institutional process [J]. The Academy of Management Review, 1991, 16 (1).

[27] O'SHEA R P, ALLEN T J, CHEVALIER A, et al. Entrepreneurial orientation, technology transfer and spinoff performance of U. S. universities [J]. Research Policy, 2005, 34 (7).

[28] OWEN – SMITH J. From separate system to a hybrid order: accumulative advantage across public and private science at Research One Universities [J]. Research Policy, 2003, 32.

[29] OWEN – SMITH J. Trends and transitions in the institutional environment for public and private science [J]. Higher education, 2005, 49 (1/2).

[30] PONOMARIOV B L, BOARDMAN P C. Influencing scientists' collaboration and productivity patterns through new institutions: university research centers and scientific and technical human capital [J]. Research Policy, 2010, 39 (5).

[31] SAMPAT B N, MOWERY D C, ZIEDONIS A A. Changes in university patent quality after the Bayh – Dole act: a re – examination [J]. International Journal of Industrial Organization, 2003, 21 (9).

[32] SINE W D, SHANE S, GREGORIO D D. The halo effect and technology licensing: the influence of institutional prestige on the licensing of university inventions [J]. Management Science, 2003, 49 (4).

[33] SWAMIDASS P M, VULASA, V. Why university inventions rarely produce income? Bottlenecks in university technology transfer [J]. Journal of Technology Transfer, 2009, 34 (4).

[34] TOOLE A A, CZARNITZKI D. Commercializing science: is there a university "brain drain" from academic entrepreneurship？[J]. Management Science, 2010, 56 (9).

[35] THURSBY J G, JENSEN R, THURSBY M C. Objectives, characteristics and outcomes of university licensing: a survey of major U. S. universities [J]. The Journal of Technology Transfer, 2001, 26.

[36] THURSBY J G, THURSBY M C. University licensing [J]. Oxford Review of Economic Policy, 2007, 23 (4).

(三) 英文学位论文

[1] PRABHU R. Knowledge creation and technology transfer in nanotechnology at research universities [D]. The Pennsylvanian State University, 2007.

附　录

研究型大学 I 类的样本大学

私立研究型大学样本	
大学名称	地理位置
哥伦比亚大学（Columbia University in the City of New York）	东北部
乔治城大学（Georgetown University）	东北部
麻省理工学院（Massachusetts Institute of Technology）	东北部
布朗大学（Brown University）	东北部
普林斯顿大学（Princeton University）	东北部
耶鲁大学（Yale University）	东北部
圣路易斯华盛顿大学（Washington University in St Louis）	中西部
莱斯大学（Rice University）	南部
范德堡大学（Vanderbilt University）	南部
斯坦福大学（Stanford University）	西部
公立研究型大学样本	
大学名称	地理位置
匹兹堡大学（University of Pittsburgh）	东北部
马萨诸塞大学（University of Massachusetts）	东北部
纽约州立大学水牛城分校（University at Buffalo）	东北部
艾奥瓦大学（University of Iowa）	中西部
堪萨斯大学（University of Kansas）	中西部
俄亥俄州立大学（Ohio State University）	中西部
内布拉斯加大学（University of Nebraska）	中西部
明尼苏达大学（University of Minnesota）	中西部

续表

大学名称	地理位置
新墨西哥大学（University of New Mexico）	南部
北卡罗来纳大学（University of North Carolina）	南部
佛罗里达大学（University of Florida）	南部
亚拉巴马大学（University of Alabama）	南部
肯塔基大学（University of Kentucky）	南部
佐治亚大学（University of Georgia）	南部
佛罗里达州立大学（Florida State University）	南部
加州大学圣巴巴拉分校（University of California - Santa Barbara）	西部
华盛顿大学（University of Washington）	西部
加州大学伯克利分校（University of California - Berkeley）	西部
加州大学尔湾分校（University of California - Irvine）	西部
俄勒冈州立大学（Oregon State University）	西部

后 记

这本著作基于我的博士论文《20世纪80年代以来美国研究型大学科研产出》修改完成。博士期间我在北京师范大学师从导师刘宝存教授，教授的悉心指导和鼓励为论文的顺利完成奠定了重要的基础，本书的主要思路和框架也是当时刘老师为我定下来的，在本书中完全得到保留。博士期间，我获得国家留学基金委的资助赴美国宾夕法尼亚州立大学联合培养，并有幸参与美国导师大卫·贝克（David·Baker）的课题"美国、德国、中国研究型大学科研产出"的前期研究之中，当时贝克教授每两周都会和我们讨论研究的思路。在该课题研究的基础上我确定了将美国研究型大学科研产出作为博士论文的研究方向和选题，同时，本书中的Web of Science论文产出数据统计方法以及对公立和私立大学样本进行对比研究也是基于当时课题研究的经验产生的。题目确定后，我很快就选修了权威专家罗杰·盖格关于美国高等教育史的课程和小型研讨会，这些学术活动为本书提供了重要的研究资料。我清晰地记得，有一次在校园里我碰到盖格教授，他温和地提出为我的开题报告初稿提供指导，我当时回答说我很期待，但是担心他很忙碌没有时间，没想到他马上微笑着说："我有充足的时间！"后来在一次5人小班研讨会中，我与盖格教授深入交流了本研究的开题报告具体内容。回国以后，我又把报告发送给贝克教授请他提供关于理论框架的建议，他用修订模式细心地进行了批注。如今，在完稿时，发现这些瞬间对于这本著作的顺利出版弥足珍贵。

后记

2023年，我所工作的中国教育科学研究院资助我将本书出版，并且我基于研究内容将书名改为了《美国大学科研促进国家创新体系研究》。此后，我花了大半年时间对本书的资料、数据、结论集中进行了大量更新和修改，书稿最终完成。在此期间，我的领导——教育体制机制改革研究所所长王烽给我很大支持，让我能够沉下心来开展这样一项大部头的研究，并且任何疑问可以随时向他请教。同时，这本书的出版离不开知识产权出版社的大力支持，感谢贺小霞编辑的严谨和宽容，让我能够按期保质保量完成书稿。

此外，我还要感谢我的同事李楠、杜云英、尹玉辉、韩倩、陈阳，他们在我修改书稿的过程中给予了很多的鼓励。感谢我读博期间的室友康绍芳、杨雪翠，在我撰写博士论文的过程中给我学术能量。感谢中国教育科学研究院科研处，为本著作的出版提供资助。最后，我要感谢我的先生杨君和我的女儿杨溢，在书稿修改过程中让我心无旁骛地工作。

罗 媛

2024年11月19日